国家出版基金项目
NATIONAL PUBLICATION FOUNDATION

国家“十三五”重点图书出版规划　广东省原创精品出版项目

中国房地产与宏观经济研究丛书

中国房地产市场：发展历程与未来展望

邹琳华　著

China's Real Estate
and
Macroeconomic Studies Series

SPM
南方出版传媒
广东经济出版社
—广州—

图书在版编目（CIP）数据

中国房地产市场：发展历程与未来展望／邹琳华著．—广州：广东经济出版社，2019.2
ISBN 978-7-5454-6636-2

Ⅰ.①中… Ⅱ.①邹… Ⅲ.①房地产市场-研究-中国 Ⅳ.①F299.233

中国版本图书馆 CIP 数据核字（2018）第 299301 号

出 版 人：李　鹏
责任编辑：程梦菲
责任技编：陆俊帆
封面设计：朱晓艳

《中国房地产市场：发展历程与未来展望》
Zhongguo Fangdichan Shichang：Fazhan Licheng Yu Weilai Zhanwang
邹琳华　著

出版发行	广东经济出版社（广州市环市东路水荫路 11 号 11～12 楼）
经销	全国新华书店
印刷	佛山市迎高彩印有限公司 （佛山市顺德区陈村镇广隆工业区兴业七路 9 号）
开本	787 毫米×1092 毫米　1/16
印张	15
字数	180 千字
版次	2019 年 2 月第 1 版
印次	2019 年 2 月第 1 次
书号	ISBN 978-7-5454-6636-2
定价	58.80 元

广东经济出版社官方网站：**http://www.gebook.com** 微博：**http://e.weibo.com/gebook**
图书营销中心地址：广州市环市东路水荫路 11 号 11 楼
电话：（020）87393830　邮政编码：510075
如发现印装质量问题，影响阅读，请与承印厂联系调换。
广东经济出版社常年法律顾问：胡志海律师

目　录

第一章　中国房地产市场发展历程

一、中国住房市场发展变迁历史回顾

根据市场发展背景、驱动因素及发展成效，我国住房市场发展可以分为住房改革推动下的潜在需求缓慢释放阶段（1978—2001 年）、快速城镇化与工业化推动下的供不应求房价飙涨阶段（2002—2013 年）、结构性过剩与结构性短缺并存阶段（2014 年以来）三个主要阶段。第一阶段的市场化改革为第二阶段的大发展奠定了基础，第二阶段的大发展又为第三阶段的存量优化创造了条件。

（一）**住房改革推动下的潜在需求缓慢释放阶段**（1978—2001 **年**）

自 1978 年改革开放以来，中国住房市场化改革在摸着石头探索前行，先后经历了探索试验售房阶段（1978—1985 年），提租补贴阶段（1986—1990 年），以售带租阶段（1991—1993 年），全面推进阶段（1994—1998 年 6 月），以及取消福利分房、实行货币分房阶段（1998—2001 年）等改革步骤。随着市场化改革的推进，被压抑的住房需求不断得以释放，住房市场规模持续扩大，到 2001 年，全国房地产住宅投资达到 4216.68 亿元，占全国城镇住宅投资的 67.34%（见图 1－1，表 1－1）。但是直至 21

世纪初，由于城乡居民家庭收入水平仍然较低，尚未达到大规模改善住房条件的门槛值，因此住房潜在需求释放缓慢，住房改革艰难推进，社会各界对住房改革的反响相对较为冷淡。

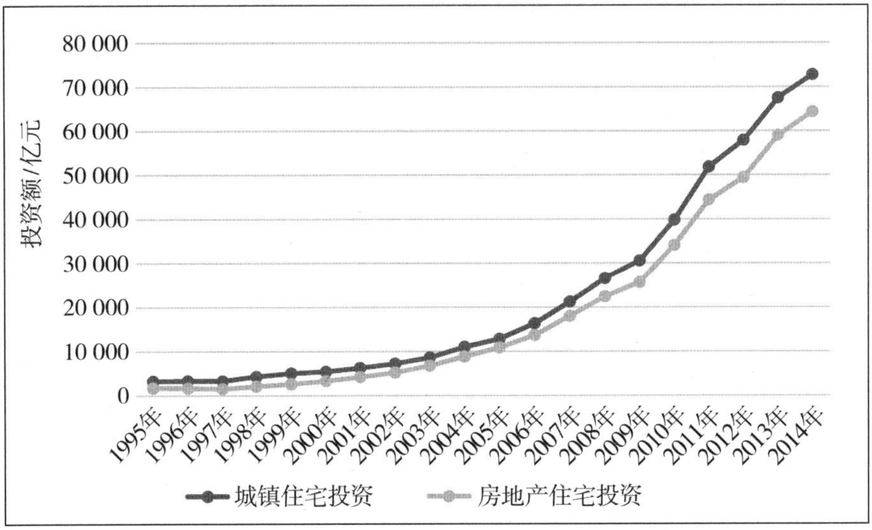

图 1－1　1995 年以来中国城镇住宅投资与房地产住宅投资

数据来源：国家统计局。

表 1－1　1995 年以来中国城镇住宅投资与房地产住宅投资

年份	城镇住宅投资/亿元	房地产住宅投资/亿元	房地产住宅投资占城镇住宅投资比/%
1995	3278. 19	1753. 10	53. 48
1996	3326. 22	1699. 17	51. 08
1997	3319. 67	1539. 38	46. 37
1998	4310. 81	2081. 56	48. 29
1999	5050. 88	2638. 48	52. 24
2000	5435. 28	3311. 98	60. 93

（续表）

年份	城镇住宅投资/亿元	房地产住宅投资/亿元	房地产住宅投资占城镇住宅投资比/%
2001	6261.52	4216.68	67.34
2002	7248.91	5227.76	72.12
2003	8624.83	6776.69	78.57
2004	11010.13	8836.95	80.26
2005	12825.76	10860.93	84.68
2006	16305.54	13638.41	83.64
2007	21238.29	18005.42	84.78
2008	26516.00	22440.90	84.63
2009	30512.74	25613.69	83.94
2010	39763.10	34026.23	85.57
2011	51773.37	44319.50	85.60
2012	57844.27	49374.21	85.36
2013	67483.36	58950.76	87.36
2014	72727.95	64352.00	88.48

数据来源：国家统计局。

探索试验售房阶段（1978—1985 年）。中国住房改革从试验售房开始，1979 年试行全价销售住房。1980 年 6 月，中共中央、国务院在批转《全国基本建设工作会议汇报提纲》中提出了“准许私人建房、私人买房，准许私人拥有自己的住房”，正式实行允许住房商品化政策。1979—1985 年住房政策的重点是试售住房，可以分为全价售房与补贴售房两种。全价售房的成绩不是很理想，据不完全统计，到 1981 年底，全国试点城镇售出的住房只有 3000 多套，所以全价售房很快被补贴售房取代。1982 年，国务院批准以郑州、沙市、常州、四平等 4 个城市为试点，试行新建住房补贴出售。个人购房只需支付 1/3 的房价款，其余 2/3 由地方政府及职工所在单位分担补贴，简称“三三制”。补贴售房虽然售价略高于全价售房的价格水平，但由于地方政府和企业补贴了 2/3 的购房款，大大减轻了职工家庭的购房负担，一般家庭大约用 2 年的收入即可购买一套普通新建住房，因此推行起来相对顺利。但是，补贴售房受到地方政府与企业的强烈反对，因为 2/3 的购房款需由地方政府和企业补贴（地方政府提供的补贴多数转由企业承担），从而造成购房职工越多、企业需承担补贴量越大的情况，不能实现住房资金的良性循环。同时，由于补贴售房未触及低租金制，多数居民仍不愿自己花钱购房。1985 年，补贴售房被视为低价售房而被取消。

提租补贴阶段（1986—1990 年）。由于全价售房与补贴售房在实践中受挫，相关部门遂转向研究改革公房租金的可能性。实际上调整公房租金思路的提出与试点售房的进行几乎是在同时，但由于调整公房租金的牵涉面更广，对社会的震动更大，需要克服的阻力更多，所以直到补贴售房被否定后，相关政策才于 20 世纪 80 年代中期正式出台。1988 年初，国务院召开第一次全国住房制度改革工作会议，并于同年 2 月印发《关于在全国城镇分期分批推行住房制度改革的实施方案》（国发〔1988〕11 号），宣布将住房制度改革正式纳入中央和地方的改革计划，分期分批推行。第一步改革旨在通过全面提高租金，做到以租养房，促进购房，从而实现住房资金的良性循环，并抑制不合理的住房需求。第二步改革则是理顺分配关系（补贴列入工资、计入企业成本），提高职工的经济负担能力，进一步实现住房的商品化、社会化和专业化。这一改革，在烟台、蚌埠、唐山以及深圳、成都等地都取得了较好的成绩，然而遗憾的是，中国不久就发生了严重的通货膨胀，考虑到如果继续实施提租补贴方案，在成本推进效应的作用下，就有可能导致进一步的通货膨胀，使经济形势更趋于恶化。同时，由于提租补贴方案触及了部分人的利益，遭到一些执行者的抵制和反对，于是原计划用 3 ~5 年完成的提租补贴方案，未全面推开就夭折了。

以售带租阶段（1991—1993 年）。1991 年 6 月，国务院发布《关于继续积极稳妥地进行城镇住房制度改革的通知》（国发〔1991〕30 号），在继续提出合理地调整现有公房租金、出售公有住房的同时，强调实行新房新政策，使新建住房不再进入旧的住房体制，有利于今后住房制度及住房改革的顺利进行。这一时期的政策取向开始转变，希望通过新房新政策的方式，避开存量住房提租的阻力，通过在外围实行增量房改，住房新制度能够在量上逐渐累积，最终实现质变。1991 年 10 月召开了全国第二次住房制度改革工作会议，10 月 17 日，国务院批转了国务院住房制度改革领导小组起草的《关于全面推进城镇住房制度改革的意见》，提出从改革公房低租金着手，将现行公房的实物福利分配制度逐步转变为货币工资分配制度。与此同时，各地方政府的“房改房”也陆续实施。在实施过程中，一些大城市的运作比较规范，部分中小城市则相对较差，致使优惠比例越来越大，低价住房之风再次蔓延，房改第三次进入低价售房的怪圈。1992 年 6 月，国务院房改工作会议再次提出制止低价售房。

全面推进阶段（1994—1998 年 6 月）。1994 年 7 月发布的《国务院关于深化城镇住房制度改革的决定》（国发〔1994〕43 号），提出全面推行住房公积金制度，积极推进租金改革，稳步出售公有住房，加快经济适用住房的开发建设。对不同收入家庭按不同价格售房，向中低收入职工家庭出售公有住房实行成本价，对于确有困难的市（县），可以实行标准价作为过渡。该阶段在建立住房公积金、提高公房租金、出售公房等方面都取得较大的进展。到 1998 年 6 月底，全国归集住房公积金总额已达 980 亿元。1997 年底，35 个大中城市的公房租金平均为每平方米 1.29 元，在原有基础上有了较大的提高，深圳等城市已率先达到成本租金水平。公房出售在 1996 年以后也有了相当迅速的进展，到 1998 年中，全国城镇自有住房占全部住房的比例已超过 50%，部分省市已超过 60%。安居工程的进展也相当迅速，1997 年底的建设规模为 7159 万平方米，解决了 65 万户城镇居民的住房问题；1998 年上半年分两批下达的计划建设规模为 10649 万平方米，合计已经超出安居工程的最初计划总量。

取消福利分房、实行货币分房阶段（1998—2001 年）。为刺激内需，应对亚洲金融危机的冲击，1998 年 6 月，国务院发布《关于进一步深化城镇住房改革加快住房建设的通知》（国发〔1998〕23 号），提出“1998 年下半年开始停止住房实物分配，逐步实行住房分配货币化”，“停止住房实物分配后，新建经济适用住房原则上只售不租”，“发展住房金融，培育和规范住房交易市场”，“扩大个人住房贷款的发放范围，所有商业银行在所有城镇均可发放个人住房贷款。取消对个人住房贷款的规模限制，适当放宽个人住房贷款的贷款期限”。这标志着沿袭数十年的福利住房政策为住房商品化所取代，确立了以经济适用房为主的多层次城镇住房供应体系。

（二）快速城镇化与工业化推动下的供不应求房价飙涨阶段（2002—2013 年）

2002 年以来，在快速城镇化与工业化浪潮的强力推动下，城镇住房整体呈现供不应求的态势，这是该阶段中国楼市发展的历史大背景。一方面，大量农村人口涌入城市，形成巨大的住房刚性需求。从

2002—2013 年，我国城镇人口共增加 25047 万人，年均增加 2087 万人，相当于每年增加一个目前北京市规模的城市。城镇人口比例由 2002 年的 39.09% 上升至 2013 年的 53.73%，城镇人口历史上第一次超过农村人口（见图 1－2）。另一方面，工业大发展、经济起飞所带来的国民家庭收入快速增长，必然催生大量改善家庭原有居住条件的诉求。2002 年人均国内生产总值为 9450 元，2013 年已经达到 43320 元，是 2002 年的 4.6 倍。第二及第三产业增加值占国内生产总值的比重由 2002 年的 86.6% 上升至 2013 年的 90.6%，第一产业增加值占国内生产总值的比重由 2002 年的 13.4% 下降至 2013 年的 9.4%（见图 1－3、图1－4）。与此相对应的是，我国原有的城市规模狭小、住房老旧，无法满足爆发性增长的住房需求。

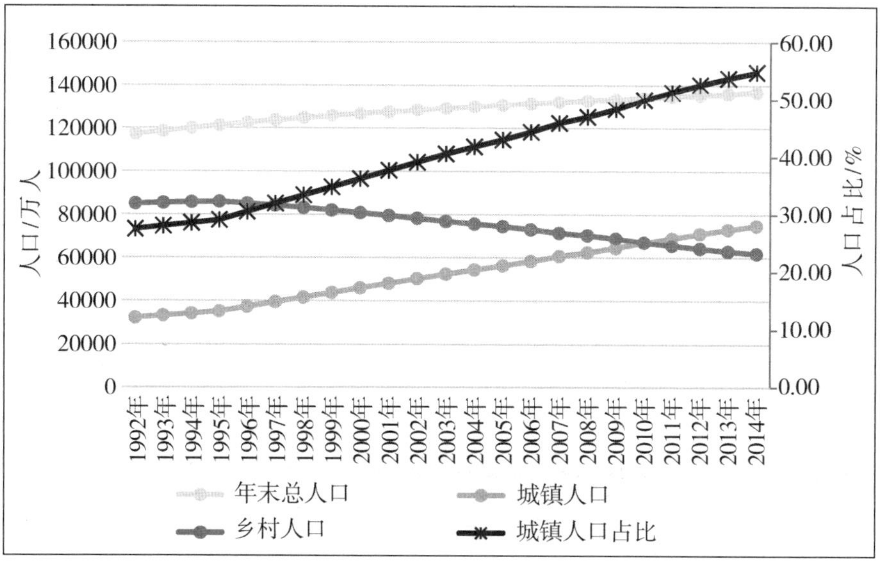

图 1－2　1992 年以来中国城镇与乡村人口变动

数据来源：国家统计局。

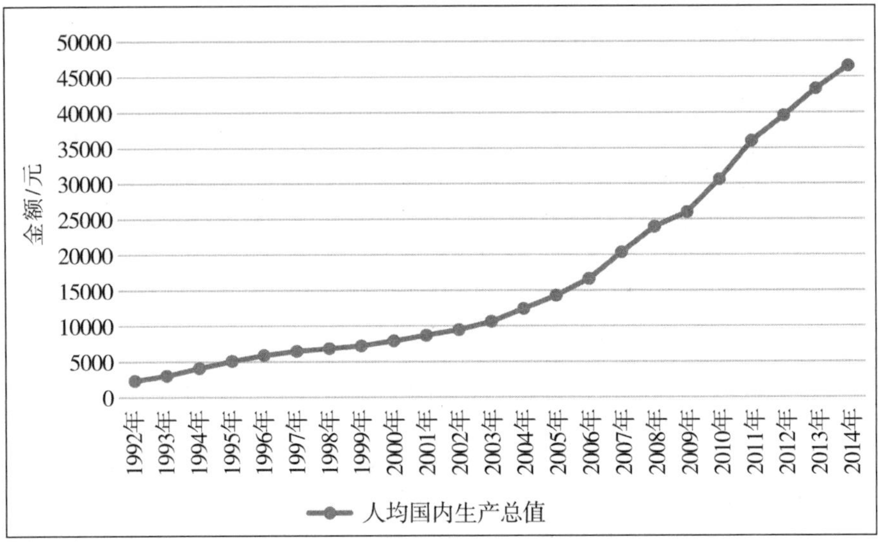

图 1－3　1992 年以来中国人均国内生产总值

数据来源：国家统计局。

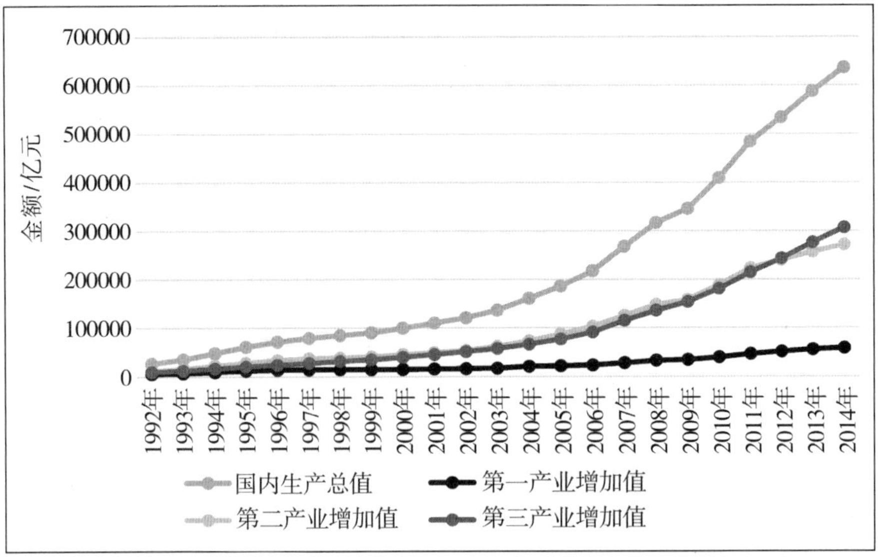

图 1－4　1992 年以来中国国内生产总值及其构成

数据来源：国家统计局。

与供不应求的中国住房发展背景相适应，该阶段中国住房市场的发展主线就是多方扩大住房供给，缓解住房供求矛盾。解决“有房住”的问题是它的主要历史使命。2003 年 8 月，建设部《关于促进房地产市场持续健康发展的通知》（国发〔2003〕18 号）将经济适用房由“住房供应主体”修改成了“具有保障性质的政策性商品住房”，确立了房地产为国民经济发展的支柱产业，进一步弱化了经适房的供应主体地位，使普通商品房成为市场的供应主体。在这一阶段，我国住房发展的成效卓著。大多数城镇居民家庭都拥有了一套及以上商品住房，还有不少家庭拥有多套商品住房。很多进城务工的农民家庭，也在其流出地县城或地级市购置了一套及以上商品住房。但该阶段在住房大发展的同时，也产生了一些突出的负面效应，如房价飞涨、住房投机盛行及泡沫堆积等，受到各方的批评。

2002 年以来，中国住房销售呈爆发性增长的态势，居民购房欲望始终十分强烈。2002 年，中国商品住房销售面积为 23702. 31 万平方米，比上年增长 18. 88%；2013 年，中国商品住房销售面积达到 115723. 00 万平方米，比上年增长 17. 52%，是 2002 年的 4. 88 倍，2002 年以来实现年均 15. 51% 的增长率。2002 年，中国商品住房销售额为 4957. 85 亿元，比上年增长 23. 29%；2013 年，中国商品住房销售额已经达到 67694. 94 亿元，比上年增长 26. 61%，是 2002 年的 13. 65 倍，2002 年以来年均增长率为 26. 83%（见图 1 –5、图 1 –6）。

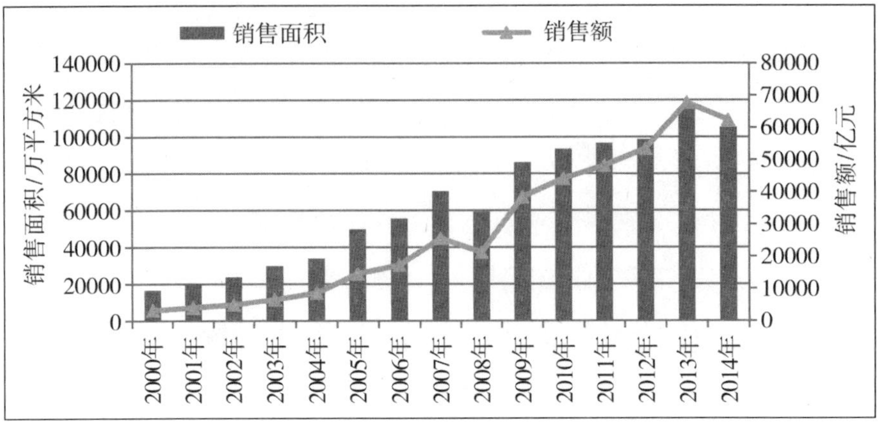

图 1－5　2000 年以来中国商品住房销售面积与销售额

数据来源：国家统计局。

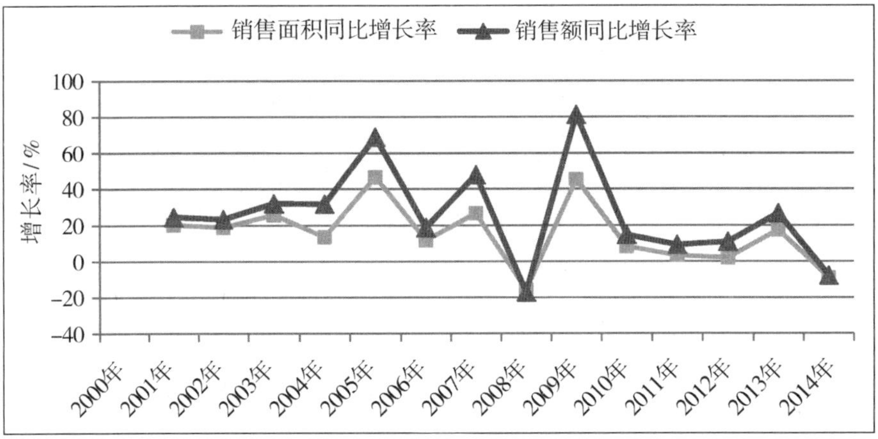

图 1－6　2001 年以来中国商品住房销售面积同比增长率与销售额同比增长率

数据来源：国家统计局。

2002 年以来，中国住房价格总体呈持续快速上涨的态势，只有 2008 年出现过短暂的下跌。2002 年，中国商品住房销售均价为每平方米 2092 元，比上年增长 3.72%；2013 年，中国商品住房销售均价达到每平方米 5850 元，比上年增长 7.73%，是 2002 年的 2.80 倍，2002 年以来实现年均 9.80% 的增长率（见图 1－7）。

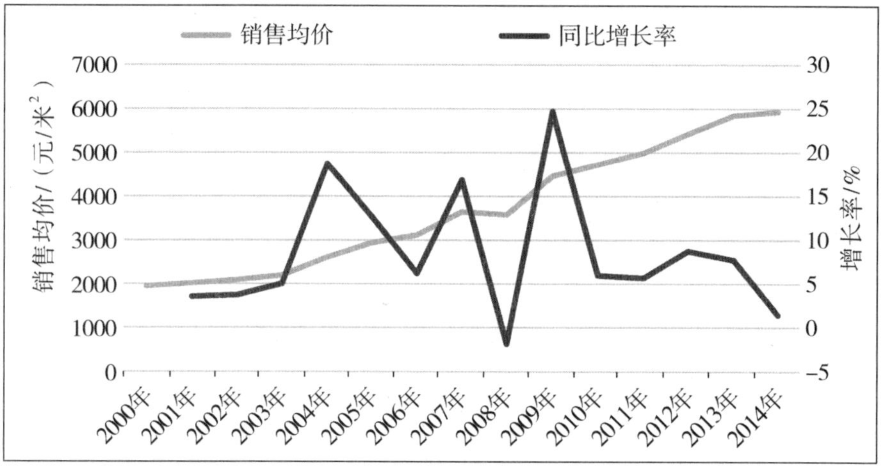

图1－7　2000年以来中国商品住房销售均价及其同比增长率

数据来源：国家统计局。

2002年以来，中国住房投资长期维持高速增长的态势。2002年，中国商品住房开发投资额为5228亿元，比上年增长24.00%；2013年，中国商品住房开发投资额达到58951亿元，比上年增长19.40%，是2002年的11.28倍，2002年以来实现年均24.64%的增长率（见图1－8）。

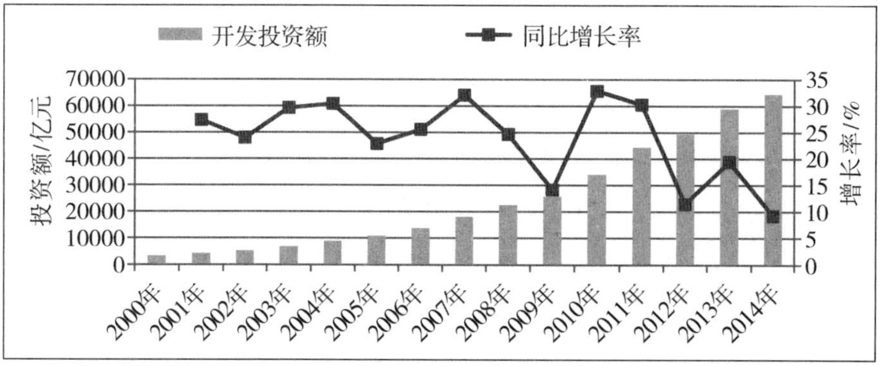

图1－8　2000年以来中国商品住房开发投资额及其同比增长率

数据来源：国家统计局。

（三）结构性过剩与结构性短缺并存阶段（2014 年以来）

2014 年以来，中国楼市发展背景正在悄然发生深刻的转变，“结构性过剩与结构性短缺并存”取代“总量供不应求”成为 2014 年之后十年里中国楼市发展的大背景。

住房“总量供不应求”时代已经淡出，“结构性过剩”时代已经到来。城镇化与工业化作为过去十年住房市场发展的超级引擎，目前都处于减速状态。经济增长进入所谓的“新常态”，城市经济结构正面临着巨大的转型升级压力。由于收入增长决定人口流向，经济减速也意味着城市对人口的吸引力正在减弱。在需求总量退热的同时，中国城镇住房却已经累积了巨额的存量，并且仍在按以往的惯性高速增长。特别是一些三、四线城市，商品住房积压现象已经很严重。2014 年，尽管政府对住房需求管控政策已经趋于宽松，但住房市场仍然在主动下调，这表明住房市场形势正由总量供不应求进入结构性过剩阶段。

优质住房仍将存在“结构性短缺”。虽然从量的方面看，中国城镇商品住房已经出现结构性过剩，但从质的方面看，很大一部分家庭居住条件仍然较差，狭小公寓、老旧公寓或不成套住宅占存量住房的比重很大。随着收入的增长和对生活品质要求的进一步提升，人们对优质住房的需求还将稳步增长，优质住房仍然具有一定的稀缺性。

随着“结构性过剩与结构性短缺并存”取代“总量供不应求”成为 2014 年之后的十年里中国楼市发展的大背景，“住好房”将取代“有房住”，成为 2014 年之后的十年里中国住房发展的主线。根据一般的消费规律，当总量短缺问题解决后，对高品质的诉求将提升。城镇居民的住房消费重点，将由拥有商品住房，转变为不断改善现有居住条件。中国城镇人均住房面积虽然达到 33 平方米以上，但多数人对自身的住房条件难言满足。紧凑型公寓楼仍是当前城镇住宅存量的主体，几代人共居一户现象较为普遍，居民改善住房条件的期望仍很迫切。挤住在小房子里的渴求搬入大房子，几代人共居的希望能够独立居住以减少家庭摩擦，住公寓的期望拥有别墅，住普通社区的向往住进高档社区，住在偏远郊区的希望能够就近居住减少通勤时间，在城内有房的还想要有个更接近自然的度假房产，这些都构成了潜在的住房改善需求。

需要注意的是，不能将居民改善住房条件的意愿，简单理解为购买大户型、将小房子换购成大房子。个性化、人性化、智能化、环境友好化及内部空间的改造优化等，都将构成住房实质性改善的内容。居民将小房子换成大房子，有时意味着离城市中心更加偏远，且家务劳动成本大大增加。在家庭小型化的趋势下，房屋面积增大也不能容纳更多的人居住。现代社会，几代人同堂只是一种理想状态，实际上家庭摩擦很大，难以和谐共居。以日本经验看，在 20 世纪 90 年代初楼市泡沫破灭以后，户均住房面积并没有增加，居民家庭没有借房价大跌之契机换购大房。人们更倾向于把收入用在住房内部空间利用上的改造与优化，而不是以小换大。这表明，日本楼市退热后，住房消费行为变得更为理性。

中国住房销售高速增长的态势正出现转变。2011 年以来，部分中小城市商品住房已经出现滞销。2014 年以来，大城市楼市也出现滞销。全国销售量与销售额均出现较大负增长。2014 年，中国商品住房销售面积为 105182 万平方米，同比下降 9.1%；商品房销售额为 62396 亿元，同比下降 7.8%（见图 1－5、图 1－6）。

随着全国住房成交量萎缩明显，库存水平继续提升。2005 年 12 月底，中国新建商品住房待售面积达 8564 万平方米，同比下降 0.4%。2013 年 12 月底，中国新建商品住房待售面积达 32403 万平方米，同比增长37.2%。到2014年12月底，中国新建商品住房待售面积增加至40684万平方米，同比增长25.6%（见图1－9）。

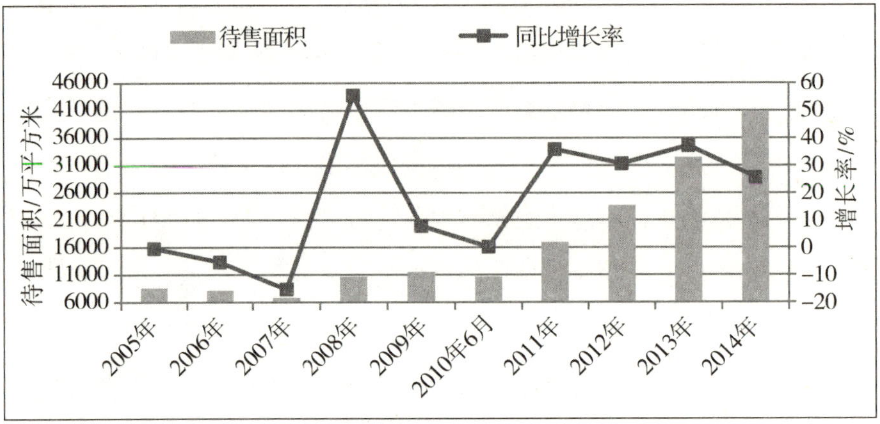

图1－9　2005年以来各期末中国商品住房待售面积及其同比增长率

数据来源：国家统计局。

2012年下半年及2013年大中城市房价暴涨，也刺激了住房开发投资的迅猛增长。这些新增供给在2014年以后集中入市，从而形成目前大中城市阶段性供给过剩的格局。供给的高增长促成了2014年上半年大中城市楼市的主动调整，大中城市房价由全线快涨转变为普遍下跌，房价下跌城市个数迅速增加。2014年1月，在70个大中城市中，房价环比上涨的有62个，持平的有2个，环比下降的仅6个；到2014年12月，房价环比上涨的城市仅1个，环比持平的城市3个，环比下降的城市增至66个，房价跌幅扩大；2014年12月，70个大中城市中68个城市出现房价同比下跌，只有2个城市相对上年同期房价有所上涨（见图1－10、图1－11）。

2014年以来，中国住房产业有由高速增长期进入低速增长期的态势。随着全国销售不畅和大中城市房价微跌，房地产企业资金回笼速度变慢，开发投资增速不断下滑。2013 年，中国商品住宅开发投资额为 58951 亿元，同比增长 19.4%。2014 年，中国商品住宅开发投资额为 64352 亿元，同比增长率降至 9.2%（见图 1-8）。

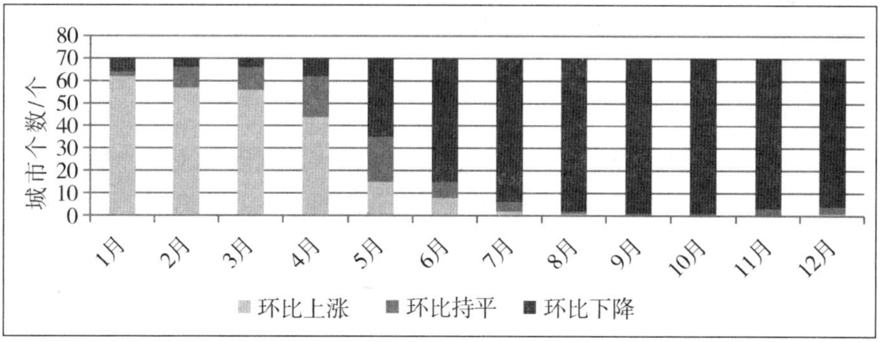

图 1-10　2014 年中国 70 个大中城市新建商品住房价格环比上涨、持平与下降个数

数据来源：国家统计局。

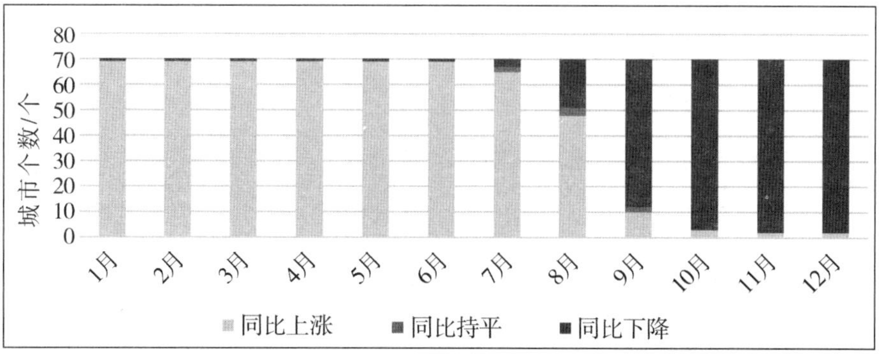

图 1-11　2014 年中国 70 个大中城市新建商品住房价格同比上涨、持平与下降个数

数据来源：国家统计局。

本轮市场调整与 2008 年或 2011 年的市场调整的根本区别是，本轮调整是由市场力量自发形成的，而 2008 年或 2011 年的市场调整都是由外部因素冲击所导致，如 2008 年的金融危机冲击，2011 年的大中城市限购政策冲击。市场的主动调整表明，大中城市供求形势正由供不应求向阶段性、结构性过剩转变。

二、问题与挑战：驱动因素力量衰减，结构性过剩现象突出

随着住房发展背景由“供不应求”向“结构性过剩”转变，以及住房发展主线由“有房住”向“住好房”转型，未来十年中国楼市将面临以下突出问题。

一是住房存量的结构性过剩如何消化及鬼城、空城问题。未来十年，中国产业结构将面临深刻转型，第三产业在经济总量中的比重将不断上升，而第二产业在经济总量中的比重将趋于下降。由于第三产业主要集中于一、二线城市，而第二产业则是三、四线城市的重要经济支柱，这种产业结构转型实际上指明了未来的城市人口分布蓝图。未来，三、四线城市人口总体将持续外流，而一、二线城市人口总体将继续保持流入态势。三、四线城市目前商品住房高库存及滞销问题已经较为严重，而其未来的人口又呈流出态势，这导致住房供给结构性过剩问题必将会更加突出。此外，过去十年，各地方政府通过“高铁新城”“金融中心”“沿河新区”等各种题材，遍地开花式地开发建设了数量庞大的新城。这些题材新城，有一些只是为了配合政绩或地产炒作需要，通过虚构的城市发展愿景或盲目乐观的情绪投资建设起来的，并没有真实的产业发展作为支撑。随着房地产热的退潮，其中有部分必将沦为鬼城或空城。

二是住宅小区物业“脱”管问题。未来，住宅小区被物业公司主动“抛弃”的现象将会越来越常见，形成一个重要的社会问题。在过

去住房大开发时代，开发商为了促进楼盘销售，往往主动掏钱对旗下楼盘的物业管理费用进行补贴，从而营造出高档明星楼盘的假象。随着大开发时代淡出历史，部分开发商退出区域市场不再卖房，也就无须通过补贴原有楼盘物业管理来促进新楼盘销售。失去了开发商补贴后，小区原有的物业管理将难以维持，随时面临着物业“脱”管的可能。物业“脱”管的另一个重要原因是，我国的住宅小区规模偏大，5000 户以上的大楼盘也极为常见，这就产生了一个物业费搭便车问题。部分业主以各种理由拒交物业费，从而间接将物业管理成本转嫁到缴费业主的身上，这将会形成一个传染病效应，使拒缴物业费的业主比例不断增加。一般来说，如果拒缴物业费的业主比例增加到 30% 以上，物业管理公司将很难维持下去，只能将所管理的小区主动“遗弃”。

三是存量住房品质低劣问题。我们用十年左右的时间盖了别的国家需要几十年、上百年才能盖完的房子，难免会对社会形势的发展估计不足，建房标准提升相对滞后，跟不上形势变化，这是住房品质低劣的客观原因。住房品质低劣的主观原因是，在以往供不应求的市场态势下，开发商没有改进产品品质的动力，商品房只要能盖出来都能高价售出。未来随着存量房时代的到来，住房品质低劣问题将受到更多的关注。住房品质低劣体现在多个方面，如缺乏必要的电梯设备，无老人、儿童便利设施，建筑结构未做保温，外墙窗户漏雨渗水，无足够的停车位，户型结构不合理、配套不全等，住房建筑缺乏个性也将会是个问题。作为低成本复制的产物，同一住宅小区往往每幢楼房都长得一模一样，即便高档别墅区也不例外。在住房稀缺时期，缺乏个性或美感不会是人们关心的重点，但随着住房稀缺时代的过去，千篇一律的住房外观不光缺乏美感，还将给人心理上施加莫名的烦躁感。

三、未来走势展望

（一）居民需求热点由“有房住”向“住好房”转变，房价不会出现整体崩盘

由于人们改善居住条件的动力仍然强劲，人口流向也没有出现显著的宏观拐点，因而中国还不会进入住房普遍过剩时代，房价不会整体崩盘。

一方面，居民需求热点正由“有房住”向“住好房”转变，人们改善居住条件的动力目前还远看不到衰竭的迹象。中国城镇人均住房面积虽然达到33平方米左右，但多数人对自身的住房条件难言满足。紧凑型公寓楼仍是当前城镇住宅存量的主体，几代人共居一户现象较为普遍，居民改善住房条件的期望仍很迫切，住房市场承载着国人的小康梦想。在可以预见的未来，中国住房市场不会出现断崖式的需求崩溃，但有可能会出现重大结构性调整。

另一方面，城市人口流入的宏观拐点尚未出现。从人口流向拐点看，中国作为发展极不平衡的大国，人口的城镇化、大城市化、郊区化、逆城市化等力量是同时进行、共同存在的。大城市病的集中爆发将使当地的富裕家庭对大城市产生厌恶感，从而激发了大城市郊区化的动力。但又有不少人口因大城市的高收入和高水准公共服务等，而从中小城市中被吸引过来，将大城市富裕阶层家庭郊区化的空缺弥补。由于人口的城镇化、大城市化、郊区化、逆城市化层层递补、并存交错，因而宏观总量上的人口流向拐点目前其实是不存在的。

（二）供求形势由“供不应求”向“结构性过剩”转变，房价结构性调整不可避免

虽然中国住房市场没有进入普遍过剩时代，但已经进入结构性过剩时代，短期内的市场结构性调整不可避免。从全国看，由快速城镇化与国民收入高增长导致的住房总量短缺已经趋于尾声，多数城市住房出现过剩，房地产市场持续滞销。从一、二线城市看，前期房价的疯狂上涨诱发了大量新房集中上市，已经形成阶段性高供给态势，房价出现主动下调。为消化结构过剩与阶段性高供给，住房价格将进入结构调整期。

首先，前期上涨过快的一、二线城市，房价将进入盘整消化期。导致一、二线城市房价进入盘整消化期的直接原因包括：一是房价大幅上涨使住房支付能力下降；二是 2013 年住房销售爆发性增长，自住型住房需求被大量消耗，在限购政策不出现转变的条件下，后期需求增长乏力；三是 2012 年底和 2013 年开发商争抢地王预示着后期住房供给将显著增加。但从长期看，一、二线城市的住房刚性需求仍可能是增长的，因而短期调整主要是应对阶段性相对过剩问题。

其次，三、四线城市楼市颓势延续，鬼城现象可能扩大。三、四线城市由于前期突击造城运动产生了大量住房供给，在未来人口外流的条件下，鬼城现象可能扩大。与一、二线城市不同，部分三、四线城市住房的刚性需求从长期看是萎缩的，因而也就存在住房绝对过剩的可能性。

第二章　房地产市场供求

一、供求关系如何演绎

房地产价格归根结底是由市场供求来决定的。当其他条件不变时，需求增加会使价格上涨，供给增加会使价格下跌，反之则反是。

（一）三种需求各求所需

房地产需求通常被划分为基于资产保值增值动机的投资需求、基于获取买卖差价动机的投机需求以及基于居住动机的真实需求。虽然在现实中，这三种需求很难准确界定，因为同一购房行为可以同时兼具投资、自住等多种动机，但我们仍可以利用这种划分来作为房地产需求分析的基本框架。

1. 房地产投资需求尚存变数

房地产投资需求主要受经济发展阶段、收入分配状况、通货膨胀预期、资金机会成本、房地产投资预期收益率、其他投资市场收益率和房地产持有成本等因素的影响。当经济发展到一定阶段，基本消费需求得到充分满足时，居民投资理财的需求会大幅增加，而房地产则是居民投资组合中最重要的组成部分之一。从目前及今后情况看，房地产投资需求难以被有效压缩。严厉的调控政策会形成短期的观望态势，但观望期过后，投资需求有望重新回升。支撑房地产投资需求的主要因素包括：随着收入的增长，越来越多的居民将产生投资理财的需要；为保持经济的平稳增长，大幅度加息的可能性很小；经济增长方式转型困难，收入差距短期难以有效缩小；相对宽松的货币政策，使通胀预期持续存在；股票市场等其他投资渠道风险较大。但如果政府开征物业税增加持有成本，会对房地产投资需求有较强的抑制作用，特别是一些地段偏远、出租困难的房产，投资需求会大幅度降低。

2. 房地产投机需求有望得到抑制

房地产投机需求主要取决于房价预期、信贷环境、市场信息透明度、市场交易规范程度等因素。如果投机者对未来房价看涨，自然会使投机需求增加。由于住房投机大都需要资金杠杆的支持，信贷环境收紧会直接降低房地产投机需求，最简单的例子就是在首付 40% 的条件下，100 万元的资金理论上可以炒 250 万元的住房，而在首付 50% 的条件下，只能炒 200 万元的住房，在不提供贷款的条件下，只炒得动 100 万元的住房。从目前及今后的情况来看，日趋严厉的调控政策至少在短期内使投机者的房价预期发生了转变，房价看跌者显著增加。住房信贷环境大幅度紧缩，二套房最低首付提高到 50%，暂停发放购买第三套及以上住房贷款，对不能提供 1 年以上当地纳税证明或社会保险缴纳证明的非本地居民暂停发放购买住房贷款等政策，都大大降低了投机者可直接使用的信贷杠杆。只要投机需求没有得到有效抑制，政府还可能进一步出台更严厉的信贷政策。

3. 房地产真实需求稳定增长

真实需求在概念上与通常所说的“刚需”较为接近，它主要受经济（收入）增长速度、就业率、城市化速度、人口流入流出、人口结构变动等因素的影响。收入增长、城市化加速、人口净流入、人口进入婚育高峰等，都会带来真实需求的增长。

从目前及今后情况来看，中国经济增长潜力无疑是巨大的，城市化进程短时间内也不会结束，这都为我国住房的真实需求提供了强劲支撑。总体而言，除非经济出现大起大落，否则住房的真实需求变化一般呈相对缓慢稳定的增长态势。

总而言之，我国房地产真实需求将呈稳定增长趋势，投机需求有望得到有效抑制，投资需求变化趋势则取决于国家对房地产政策定位的进一步明确。

（二）市场供给或出现波动

从市场供给看，房地产供给可以分为新建商品房供给与二手房供给。由于我国正处于城市化阶段，每年有大量的人口进入城市，存量供给显然无法满足人口城市化的需要，因而新建商品房供给在市场供给中起主导作用。二手房供给实际上与房地产投资投机需求是同一现象的两个方面，如投资者或投机者看淡后市抛售手持住房，就会表现为二手房供给的增加。

1. 商品房短期供给惯性增长

新建商品房一般存在一年以上的开发建设周期，因而商品房的供给调节在不同的时间范围内有不同的方式。在建设周期内，开发商调整商品房供给的空间相对较小，但是开发商仍然可以通过加快或放慢推盘（竣工）速度的方法来调节供给。由于前期销售火爆，房价上涨很快，开发企业暂不缺资金，目前正处于房价观望状态。如果房价下跌的趋势被开发商确认，打折与降价促销手段将被采用。如果认为未来房价会趋于稳定或上涨，开发商将不会冒险降价，而会采取“扛”的策略。当然不排除少数开发商由于前期扩张过快或巨资购得“地王”，资金链过于紧张，如果销售持续低迷，则只能率先降价促销求得生存。从目前情况看，商品房供给短期内突然显著放大的可能性很小，呈惯性增长的概率较大。

2. 商品房中短期供给增速可能出现下降

在超过开发建设周期的时间范围内，商品房供给主要取决于开发商融资成本与房价预期。当开发商融资变得更为容易或预期未来房价上涨时，会加大开发投资力度，带来下一个生产周期房地产供给的增加。我国开发商大都通过预售来筹集资金实现滚动开发，如果期房销售低迷，开发商的资金链也会受到很大影响。由于目前销售萎缩、信贷政策收紧，开发商融资成本会逐步增加，从而将使下一个生产周期的房地产供给增速相对降低。

3. 商品房长期供给将出现分化

在 5～10 年以上的更长时期，商品房的供给取决于资源约束与真实需求。对于收入高、就业机会多和社会发展水平高的优秀城市而言，由于城市资源的稀缺，供求矛盾将长期存在，如日本东京、中国香港等，虽然房价出现过较大幅度的波动，但总体仍维持在一个较高的位置。对于发展阶段滞后、发展潜力较小的城市而言，城市化高峰期过后，也可能出现供大于求的局面。

4. 政策性住房建设力度加大

除市场供给外，供给方面还有一个需要考虑的因素就是保障房建设力度的加大。根据有关政策规定，保障性住房、棚户区改造和中小套型普通商品住房用地不低于住房建设用地供应总量的 70%；2010 年全国要确保完成建设保障性住房 300 万套、各类棚户区改造住房 280 万套；房价过高、上涨过快的地区，要大幅度增加公共租赁住房、经济适用住房和限价商品住房供应。但从我国目前的发展阶段看，现有的住房保障能力只能在有限的范围内缓解住房供求矛盾，尚不能从根本上解决住房问题。

总而言之，住房市场供给或出现波动，在经历短期的惯性增长后，中短期增速可能出现下滑。综合看当前房地产供求因素，由于短期内供给的惯性增长及投资投机性需求的萎缩，在短期房地产市场可能会出现供大于求的局面；但如果没有更有力地抑制投资投机性需求的政策措施出台，随着供给增速的下滑、投资投机性需求的复苏及真实性需求的增长，供求矛盾可能会重新显现。

二、宏观调控下住房投资需求再度膨胀的可能性及对策

2010 年 4 月 17 日，国务院下发了《关于坚决遏制部分城市房价过快上涨的通知》。经过一个多月的调控，市场进入了一个相持阶段，观望气氛浓厚，成交量大幅度萎缩，部分城市的部分区域房价出现了小幅小调。但是，由于支持住房投资需求膨胀的因素并没有发生根本性转变，相持阶段过后，未来住房投资需求极可能再度膨胀，需要我们未雨绸缪。

（一）支持住房投资需求膨胀的客观因素

一是随着收入的增长，越来越多的居民将产生投资理财的需要。经验表明，当经济发展到一定阶段，居民基本消费需求得到充分满足时，投资理财的意愿会大幅增加，而房地产则是居民投资组合中最重要的组成部分之一。据央行全国城镇储户问卷调查显示，居民投资意愿不断攀

升，2010 年第一季度有 41.2% 选择“更多投资”，较 2009 年初累计提高 12.1 个百分点；2009 年第四季度房地产、基金和理财产品、股票分列居民偏爱的投资方式前三位。

二是为保持经济的平稳增长，大幅度加息的可能性很小。资金的机会成本，如利率的提高会使房地产投资需求下降。为应对金融危机的潜在影响，2008 年下半年我国连续 4 次下调利率，12 月 23 日一年期定期存款利率下调至 2.25%。随着经济的显著复苏，2010 年央行开始连续 3 次上调存款准备金率，但利率仍维持低水平不变，表明了政府对上调利率的谨慎态度。出于避免“误伤”实体经济及防止国外热钱流入的考虑，近期大幅加息的可能性很小，投资房地产的机会成本很低。2010 年 4 月 CPI（居民消费价格指数）同比上涨 2.8%，与一年期定期存款利率 2.25% 相比，房地产投资的机会成本实际上为负数。

三是经济增长方式转型困难，收入差距短期难以有效缩小。一般来说，高收入者的住房投资需求相对较大，而低收入者首先需要满足自住需求，因而收入分配差距的扩大会带来住房投资需求的增加，使住房向少部分人集中。我国经济增长主要由投资与出口拉动，与这种增长方式相适应的是工资收入占国民收入的比例偏低，贫富差距较大。2009 年 1—9月从业人员工资总额为 26811.7 亿元，占同期名义 GDP（国内生产总值）的 11.78%。由于增长方式的路径依赖，这种收入分配格局还将持续。

四是股票市场等其他投资渠道风险较大。在其他条件不变的情况下，股票、基金等其他投资渠道预期收益率的相对下降，会使房地产市场资金流入，投资需求上升。中国上证指数由 2007 年 10 月 16 日的 6124.04 点下降到 2008 年 10 月 28 日的 1664.93 点，再反弹到 2009 年 8 月 4 日的 3478.01 点，之后又下跌到 2010 年 5 月 21 日的 2481.97 点。

在这个过程中，股市投资获利者少赔钱者多。股市的这种强波动性表现也表明股票投资不适合作为居民资产保值增值的主要渠道。在没有更好的替代渠道的条件下，楼市仍是居民投资的首选。

五是严控住房信贷对先富群体的支付能力影响不大。新规将二套房最低首付提高到50%，并要求部分商品住房价格过高、上涨过快、供应紧张的地区，暂停发放购买第三套及以上住房贷款。这些措施虽大为降低了投机者可直接使用的信贷杠杆，但并不足以堵塞住房投资之路。除政策在执行过程中存在被变通或钻漏洞的可能性外，中国先富群体的全款支付能力不应被低估。2009 年新建住宅销售额为 3.82 万亿元，个人购房贷款新增额为 1.4 万亿元，其中新建房贷款新增额为 1 万亿元。新建房贷款新增额仅占新建住宅销售额的 26.3%，购房的实际按揭比例很低。

（二）支持住房投资需求膨胀的主观因素

一是中国经济发展、收入提升及城市人口增长的前景被普遍看好。2000—2009 年的 10 年间，我国 GDP 年均实际增长率达到 9.87%，2009 年虽受金融危机的影响，GDP 增长率仍达 8.7%，经济增长全球一枝独秀。2009 年末我国城镇人口为 6.22 亿人，占总人口比例为 46.6%，第一产业增加值 35477 亿元，占名义 GDP 的 10.58%。如果要达到发达国家城镇人口比例，在今后的很长时间内城市人口仍将快速上升。

二是相对宽松的货币政策使通胀预期持续存在。为了避免财富因货币贬值而缩水，通胀预期的增强会使投资性购房需求大幅增加。世界各国为应对金融危机的影响普遍采取了超宽松的货币政策，2009 年上半年我国信贷规模猛增，6 月末金融机构人民币贷款余额为 36.74 万亿元，比上年末净增 7.4 万亿元。此后增速稳步回落，但货币政策仍维持宽松局面。2010 年 3 月末，人民币贷款余额为 42.6 万亿元，同比增长 21.8%，比年初增加 2.6 万亿元。出于对世界经济“二次探底”的担忧，各国均不敢轻言宽松货币政策退出。宽松的货币环境使公众对货币泛滥、物价普涨的担忧始终存在，刺激了住房投资需求的增长。据央行 2010 年第一季度全国城镇储户问卷调查，认为目前物价“高，难以接受”的居民比例达到 51.0%，为自 1999 年调查以来的最高值。

三是住房投资需求的膨胀符合既得利益群体的意愿。房价上涨的过程同时也是财富再分配的过程。附着在房地产市场上的强大利益群体通过鼓吹、游说市场自由调节的完美性，使严厉的调控政策“软着陆”，不断向有利于住房投资需求扩张的方向变形；通过制造住房投资价值的舆论，诱使公众对房价持续上涨的神话信以为真。

总之，从目前及今后情况看，由于支撑房地产投资需求的主客观因素依然存在，房地产投资需求难以被有效压缩。严厉的调控政策会形成短期的观望态势，但观望期过后，投资需求有望重新回升。

（三）住房投资需求再度膨胀的后果

（1）房价再度快速上涨，宏观调控宣告失败。在当前高房价条件下，潜在的真实需求者已经部分丧失了支付能力，投资需求成为市场走势的主导。一旦投资需求大举反弹，房价不可避免再度快速上涨，住房泡沫重新膨胀，本轮宏观调控将以失败告终。更为重要的是，本轮宏观调控失败会彻底瓦解市场对调控政策的信心，政府再度出手抑制住房泡沫的阻力将会大大增加，调控住房市场难以再有良策。

（2）错失中国崛起良机，重走日本发展老路。日本 20 世纪 90 年代初房地产泡沫破灭后，经济陷入衰退，迎来所谓“失去的十年”。许多人将日本衰退归因于房地产泡沫破灭对经济金融体系的冲击，实际上是本末倒置。20 世纪 80 年代以来，随着中国等国家的快速发展，盛极一时的“日本制造”开始面临强劲的国际竞争。日本政府沉迷于楼市股市泡沫所制造的繁荣幻象而不思进取，任由过剩的产业资本流入股市楼市，从而错失经济转型升级的良机。最终日本未能如预期成为世界头号强国，随着国际竞争力下滑，股市和楼市也失去支撑步入漫漫熊途。

金融危机对美国、欧盟、日本等国家区域的经济发展构成重创，恢复元气有待时日。作为没有卷入金融危机、经济体系相对健康、人均收入水平低从而国民致富激情尚未退却的国家，中国迎来了千载难逢的崛起良机。但如果中国政府不强力抑制房地产泡沫扩张，任由经济继续房地产化进而实体经济空心化，将最终错过发展良机，丧失产业国际竞争力，步日本衰退之后尘。

（3）食利阶层初步成形，贫富差距不断增大。房价上涨的过程包含着惊人的社会财富再分配。改革开放后我国农村人口由 1995 年末最高峰的 8. 59 亿人下降到 2009 年末的 7. 13 亿人，共减少 1. 46 亿人。2009 年末，农村人口占总人口的 53. 4%，按 80% 城市化率目标简单估计，还有约 4. 5 亿农村人口要陆续进入城市。这些人没有途径获得福利分房，也大都没有支付能力搭上近 10 年房价上涨的造富快车，将是住房投资者的最终伏击对象和城市化进程中的被剥夺者。高房价彻底击碎了他们在城市购房的梦想，虽然当前租金房价比较低，但租金相对其工资收入也仍不堪重负，并且租金有随收入增长不断上涨的趋势。按这种发展趋势，食利阶层仅通过房屋出租即可过上悠逸体面的生活，而大量农村进城者则需要将工资收入的大部分作为房租交给食利阶层，实际上近似于无偿为食利阶层打工。城市化收益为少部分人所占据，将衍生大量社会问题，妨碍和谐社会建设。

（四）应对策略

（1）迅速在一线城市开征物业税。除了物业税（或其他形式的住房保有税）以外，目前已经没有抑制住房投资需求的有效手段。通过对居民所持有的、超出合理居住需求以外的住房征税，可以大幅增加住房投资者的持有成本。此外，住房市场已经成为财富分配的一个主渠道，开征物业税也有利于调节收入分配。从可行性看，物业税的征收有日本等大量其他国家的经验可资借鉴，不存在特别的技术难题。北京、上海、广州、深圳等一线城市对中国房地产市场具有标杆意义，并且城市建设已经趋近成熟，不必要再借助住房投资资金大搞城市建设，有条件率先开征。在此基础上，选择性地相机向其他城市推行。完善住房评估制度，避免因住房评估价过低而使保有税政策名存实亡。

（2）成立住房保障部（委、局），将住房保障上升到国策高度。住房保障涉及前后数亿农村进城人口的福利与社会公平问题，关系到中国城市未来发展的可持续性，需要高度重视。应及时顺应民意，将住房保障上升为基本国策。住建部作为房地产行业的主管部门，难以同时担纲住房保障管理的重任。可成立专门住房保障管理机构，不仅要将保障房的建设数量，更要将保障房的利用效果纳入地方政府重要考核体系，避免保障房建成后空置或被不当占用。探寻保障房建设资金筹集与运营的市场化机制，提高住房保障体系运行效率。

（3）结合梯度城市化战略，实施区域差异化的住房投资控制政策。优秀城市资源的稀缺性是我国住房市场众多难题的症结之一，尽管全国大多数高收入者都期望能在北京、上海拥有一套住房，但北京、上海的容纳能力很有限。实施区域差异化的住房投资控制政策（包括信贷、税收及数量控制政策等），一方面可以给投资资金以出路从而降低调控阻力，另一方面可以利用住房投资资金建设更多的优秀城市。

可根据梯度城市化战略，将城市划分为限制外延式发展城市、重点发展城市和发展后备城市三类，实施严厉程度不同的住房投资控制政策。限制外延式发展城市以北京、上海等一线城市为主，这些城市容量已近饱和，资金流入只能徒增泡沫，应实施最严格的住房投资控制，着力完善住房保障制度；重点发展城市以极具发展潜力的二线城市、核心城市群中的次中心城市及非核心城市群的中心城市为主，实施较宽松的住房投资控制，引导房地产投资资金推动其城市建设快速发展；其他城市归入发展后备城市，实施较严格的住房投资控制，避免低水平城市建设遍地开花，以及在城市化阶段过后出现废弃的“鬼城”。

三、采取主动预防策略　遏制开发商的囤地冲动

根据国土资源部通报，截至 2010 年 5 月底，全国共上报房地产违法违规用地 3070 宗约 18.84 万亩（1 亩 =0.0667 公顷），其中闲置土地占绝大部分，计 2815 宗 16.95 万亩。在上报的闲置土地中，闲置 5 年以上的占 31%，时间较长但合同中未约定具体开工时间的占 21%。从区域分布看，土地供求矛盾最突出的东部地区数量较多，分别占上报总宗数和面积的 62.24% 和 62.46%，这些仅是官方渠道上报汇总的房地产用地闲置数据，而实际数据可能要远大于已公布的数据。

由于开发环节囤地行为的存在，商品房供给的扩张受到限制，土地供给作为房地产市场宏观调控手段的效力下降。即使地方政府扩大土地出让规模，新增的土地供给仍有可能被沉淀于开发环节，无法形成商品房供给。与此相对应的是，当前针对开发商囤地行为的监管措施均属于事后被动防御手段，远不足以遏制开发商的囤地冲动。只有在此基础上

进一步采取主动预防策略，逐步收紧大开发商的融资渠道，才能从源头上防治开发商囤地顽症。

（一）土地闲置事后监管的局限性

按照现有规定，对超出合同约定满 1 年未动工开发的，征收土地价款 20% 土地闲置费，满 2 年未动工开发的，无偿收回土地使用权。但这些处罚措施都具有事后被动防御的性质，在实施环节问题漏洞过多，很难对开发商囤地起实质性的抑制作用。

1. 暴利驱使下开发商甘冒风险，监管力量相对薄弱性凸显

囤地暴利的产生并不单纯依赖于房地价上涨的市场环境，因为囤地本身就可以营造出房地价上涨的市场氛围。不能简单地认为，只有在预期房地价将继续上涨的条件下，开发商才会有囤地的冲动。实际上，只要开发商囤地所需的资金来源有保障，开发商在任何时候都可以有囤地的动机。通过大量囤地，开发商可以使商品房供给处于长期饥饿状态，从而达到操控房地价单边上涨的目的。

在囤地暴利的诱惑下，即使存在土地被收回等潜在风险，开发商的囤地行为也仍将呈“野火烧不尽，春风吹又生”之势。另一方面也说明，监管力量的相对薄弱也将成为必然。

2. 囤地行为难以界定，闲置责任无法追究

据国土资源部通报数据，在上报的闲置土地中，因毛地出让拆迁难、调整规划等客观原因造成闲置的约占 60% 以上，这些闲地责任实际上都无法追究。曾被舆论热炒“囤地”的泛海建设集团股份有限公司（以下简称“泛海建设”）于 2004 年 8 月取得北京东风乡 4 幅地块共计 30. 57 万平方米土地的使用权，2005 年向北京市规委提出了调整规划方案的意见，之后进行了多轮规划用途调整及反复的设计、报审，

至2010年8月开工手续尚未申办完成。尽管土地出让后历时6年之久尚未开工，但土地闲置责任却无法认定。

土地闲置责任认定存在事实上的认定困难，意味着开发商可以通过多种途径来规避土地闲置处罚。常见的规避闲地责任的途径有：以拆迁困难为由拖延不开工，在毛地出让的条件下，拆迁有意或无意地成为旷日持久的拉锯战。虽然自然资源部有净地出让的相关规定，但净地出让目前在大多数城市都无法真正做到；按期开工但迟迟不能竣工，甚至象征性地挖个坑就不再有后续资金人员投入，对此监管部门只能“促建”而难以对其进行处罚；以规划重新调整为由，对开工期限进行重新计算，这个调整可以是政府主动作出，也可以应开发商之请求作出；通过技术手段有意拖延，达到开工审批手续迟迟无法办下来的目的，并将责任推给审批机构。

在房地产开发中常见的分期开发方式也可能造成事实上的土地闲置。通过将大地块分割成若干小块多批次开发，一个开发项目从第一期开工到最后一期竣工间隔长达10年之久也不鲜见。根据泛海建设2009年年报可知，其旗下泛海拉菲花园一期开工时间为2007年12月，第二、第三期预计完工时间为2012年12月，从第一期开工到第二、第三期预计完工的时间跨度为5年；青岛名人广场项目第一期完工时间为2000年12月，第二期预计完工时间为2012年5月，两期完工时间的间隔达11年以上。

开发商还可以通过囤房的方式来达到变相囤地的目的，如捂盘惜售、各种虚假销售等。

3. 地方政府与开发商容易达成默契，监管者与被监管者可能存在合谋

开发商囤地在抬高地价的同时，也使地方政府的土地出让收益增加，二者作为利益共同体容易达成某种默契。地方政府因为与开发商有

着千丝万缕的利益联系，使得它缺乏土地市场监管的积极性，往往对土地闲置行为睁一只眼闭一只眼，不举不究，甚至举而不究，不到万不得已决不收回闲置土地，这也就是为什么虽然有闲置土地收回使用权的相关规定，但实际上全国被收回土地很少的直接原因。为了实现共同利益的最大化，地方政府还可能主动配合开发商的囤地行为，如帮助开发商修改规划、设置按期开工障碍等。

4. **监管部门法不责众，土地违法平均成本很低**

由于以上原因，开发商囤地具有一定的公开性、普遍性。就算自然资源部能够劳师动众费力进行闲置土地清查，得出所谓的囤地“黑名单”，其结果一般也只有两个：要么这个“黑名单”经多方利益权衡后，只有极少囤地企业上榜，根本不具备现实代表性；要么法不责众，雷声大雨点小，最终不了了之。考虑到被处罚的概率非常之小，土地违法的平均实际成本就显得很低了。

（二）从收紧开发商融资渠道入手主动防治囤地的可行性

1. **开发商囤地必须有相应的资金来源，否则囤地行为将成为无本之木**

根据财政部、国土资源部等五部委《关于进一步加强土地出让收支管理的通知》（财综〔2009〕74 号）规定，开发商分期缴纳全部土地出让价款期限原则上不得超过 1 年，首次缴款比例不得低于全部土地出让款的 50%，土地出让收入原则上采取就地直接缴库方式。这项规定如果严格实施，就意味着开发商购地需要真金白银过账，想要囤地首先要过资金筹集关。2010 年 2 月，北京市大龙房地产开发有限公司就曾因无法如期筹集其两个多月前所拍得地块的价款，而被北京市国土资源局没收了 2 亿元的土地竞买保证金。

2. 对于大量囤积土地的开发商来说，融资环节是其最关键、最薄弱的环节

囤积土地需要占用大量的资金，因而，资金就成为囤地企业的生命线，投融资环节就成为囤地企业最薄弱的环节。囤地企业虽然可以操纵供给、坐享土地增值收益，但是其生命线却因此显露出来，很容易被掐住。也就是说，一旦收紧了投融资渠道，囤地的开发商将不再“不差钱”，而是“很差钱”，它的选择只有两个：要么放弃囤地策略，将囤积的土地吐出，通过开发销售变现或转让变现；要么只能坐等资金链断裂。

通过对2009年及2010年上半年部分上市房地产公司财务报表分析发现，银行贷款及资本市场融资为开发企业“储备”土地提供了重要资金支持。仍以前述泛海建设为例，其2009年年报显示，尚未开工地块及已经开工但尚未竣工地块占款共计121.8亿元，其中尚未开工地块占款77.4亿元，占63.5%。从资金来源看，企业债券欠款计31.7亿元（为2009年11月发行公司债所形成），银行长期贷款计53.8亿元，仅该两项长期负债总计85.5亿元，超出尚未开工地块占款8.1亿元。

3. 开发商存在两极分化，抑制囤地只需收紧少数大开发商的融资渠道

一项政策如果打击面太大，在实施过程中就会遇到较大的阻力。通过对开发商结构的进一步分析发现，开发商存在两极分化：大开发商土地储备众多且融资能力强，可以通过大规模囤地实现供给控制，进而配合大笔的营销投入抬高区域整体房价，对囤地收益有稳定的预期；而广大中小开发商融资能力差、拿地困难，在夹缝中图存，并没有多大的购地囤积能力。如果没有大开发商的市场价格主导，小开发商囤地就可能面临巨大的地价波动风险，也就是说，要从资金源头抑制囤地，只需紧缩少数大开发商的融资渠道即可。

4. 收紧开发商投融资渠道不一定会降低商品房供给，还可能迫使开发商加快开发速度

收缩开发商的投融资渠道也许会引发对商品房市场供给量下滑的担忧。但考虑到开发商融资很可能是用于土地“储备”而非商品房的开发建设，收缩开发商的投融资渠道并不一定降低市场商品房供给，反而还有可能迫使开发商加快开发和销售速度，提高资金周转率，从而使市场有效供给增加。

经过连续多年的房地产热，开发商大都收获颇丰，财力雄厚。此外开发商还有期房预售这一非常优惠的融资方式，即使房屋还没有盖好，也可以先行卖掉回笼资金。虽然有城市规定需要封顶才能预售，但大都未能严格实施。在一些二、三线城市，在土地上挖坑时就已经可以开卖，因而只要开发商不热衷于囤地，仅就正常的开发经营而言，完全可以实现“不差钱”。反之，融资渠道过于宽松，无异于放宽预算约束，开发商将不再甘于脚踏实地、辛辛苦苦搞开发，而是挣钱了归自己，亏了钱将包袱甩给银行。

（三）政策建议

以往针对开发商的紧缩政策采取的都是“一刀切”的方式，开发商可以通过集体紧缩供给来要挟市场，从而使调控政策失效。因此，应改变“一刀切”的做法，仅紧缩少数大开发商的融资渠道，而对中小开发商不仅不紧缩，还要加大金融支持力度，这样既可以在削弱开发商整体囤地能力的同时，又不使市场供给能力下降。此外，差别性紧缩政策也有利于瓦解开发商阵营，优化住房市场结构。

1. 明确银保监会、证监会对开发商囤地的事前主动监管责任

虽然囤地目前主要由国土资源管理部门负责监管，但大规模囤地的

根源必然在开发商融资失控上。银保监会、各级商业银行负责人直至信贷具体经办人员应层层签订责任书，一旦事后认定开发企业用于囤地的资金主要来源于银行贷款，应追究相关责任人的失察或串谋责任。如果上市公司将通过证券融资的资金用于囤地，证监会相关责任人员也应承担相应的责任。

2. 逐步紧缩大开发商的融资渠道

紧缩大开发商融资渠道的根本目的是促使大开发商回到正常的开发经营轨道，并利用大开发商的市场影响力迫使中小开发商也能规范经营，而不是将大开发商一举调死，进而形成大批烂尾楼。因而，紧缩性的政策应采取逐步推进的方式。

具体措施包括：对大型房地产开发企业的开发贷款总额实行额度控制，并逐年大幅度削减该额度，乃至停贷；禁止各类基金、投资机构和信托投资计划为大型房地产开发企业提供债权和股权融资；暂停房地产开发企业上市融资和发行公司债，以及有房地产开发业务的公司通过上市融资或发行公司债融资投向住宅市场。

3. 加大对中小开发商的信贷扶持力度

纵观历次房地产市场紧缩性调控，板子大都打在中小开发商屁股上是其失败的一个重要原因。每次紧缩开发商信贷，实际上仅是将中小开发商推向民间高利贷融资，而大开发商作为优质客户仍是金融机构主动追捧的对象。调控的结果是大开发商毫发无损，小开发商却极可能因此而资金链断裂，调控政策实际上帮助大开发商轻易剪除了市场竞争对手。大开发商进而借调控之机大举低价拿地囤积，然后再在下一轮市场上升期中进一步抬拉房价。通过数轮调控，大开发商的市场控制能力反而大大增强。

银保监会和各大商业银行为控制开发贷款风险，对开发商信贷实行

“名单制”管理，在“名单”上的企业可以低成本获得贷款，而“名单”外的其他企业申请贷款将难以获批。当然，该“名单”上的企业都是一些市场影响力较强的大开发企业，而名单外的大都是些中小房地产开发企业。可以考虑将该“名单”作为反向解读，除严格限制对“名单”上企业的贷款、加强对“名单”上企业贷款的监管外，积极探索各类金融机构对“名单”外企业的安全信贷机制，在控制信贷风险的同时，努力降低中小房地产开发企业的融资成本。

4. 通过划小地块出让的方式降低单宗土地价款总额

收紧大开发商投融资渠道后，大开发商用于购地的资金规模将受到限制。为避免地价总额过高使土地流拍，可以划小地块供应，降低单块出让土地的总金额。

四、深化住房投资（机）需求调控的政策建议

2010 年 1 月 10 日，国务院办公厅发布了《关于促进房地产市场平稳健康发展的通知》（即“国十一条”），明确提出要“合理引导住房消费，抑制投资投机性购房需求”，表明政府已充分意识到调控住房投资（机）需求的重要意义。

（一）投资（机）需求的功过取决于它与真实需求的关系

投资（机）需求是否适度，主要看它能否与真实需求相适应，二者之间能否保持平衡与协调关系。

1. 健康的住房市场离不开适度的住房投资（机）需求

（1）适度的住房投资（机）可以为产业发展筹措资金。房地产业属于资金密集型产业，发展需要巨额资金支持，投资（机）资金的流

入弥补了产业发展资金的不足。2009 年 1—11 月房地产开发资金来源共4.8 万亿元，其中国内贷款仅占 18.7%，利用外资占 0.9%，自筹资金占 33%，而其他资金来源却占了 47.4%（包括定金及预售款占 27.7%，个人按揭贷款占 14.6%）。在这 47.4% 的其他资金来源中，应包含了投资（机）性购房的较大贡献。

（2）适度的住房投资（机）可以平抑市场的自然波动。在住房市场上，城市化加速、新经济增长点出现、人口流向改变等，都可能使真实需求突变，但实际供给在短期内却难以调整。投资（机）者通过对未来住房供求的预测，在判断未来可能会出现短缺时购入，出现过剩时抛出，可以在不同时期之间互通有无，起到平抑市场价格自然波动作用。

（3）适度的住房投资（机）可以活跃市场、优化资源配置、提高市场效率。住房投资（机）者的出现，使得商品房的流动性变得更高，买卖更为便利。住房投资（机）行为包含了研究分析、发现潜在价值、筹集资金、宣传包装、寻找合适买主等活动，起到了优化市场配置、提高市场效率的作用。

（4）住房投资市场的形成拓展了居民家庭投资渠道。住房商品化后，居民家庭有了更多的资产保值增值手段可供选择，也有了新的分享城市经济增长所带来的外溢收益的机会。

2. 住房投资（机）需求过旺的负面影响

（1）推高了房价，扩大了供求矛盾。住房供给的增长速度难以跟上投资（机）需求的增长速度。随着房价的震荡上扬，投资需求已经取代真实需求，成为目前房价涨跌的主导因素。这也意味着，如果不有效调节住房投资（机）需求，单纯增加供给或提高住房保障覆盖面，则短期内将可能无法平抑房价。

（2）催生了资产泡沫，增加了金融及宏观风险。投资（机）需求过旺不可避免地会使房价也脱离真实需求，形成资产泡沫。由于房地产业与金融业的共生共荣关系，房价泡沫一旦破灭，将首先会对金融业构成较大的冲击。此外，房价泡沫破灭还会带来消费紧缩、企业抵押融资能力降低、房地产上下游产业产能过剩等宏观紧缩效应。

（3）削弱了中低收入阶层的购房能力，对住房保障体系形成冲击。根据国务院《关于促进房地产市场持续健康发展的通知》（国发〔2003〕18号）的设计，“多数家庭购买或承租普通商品住房”，保障性住房实际上主要面向低收入住房困难家庭。但目前在一些高房价城市，商品房价格已经和真实消费需求脱节，即便是中等收入阶层，仅凭其劳动收入也无法支撑高昂的房价，这可能是当初住房制度设计者所始料未及的。

（4）土地与住房的囤积造成市场资源配置机制部分失效。由于租金收益相对资产增值微不足道，在住房市场上，可能会出现空置率上升、房价上涨、开发投资迅速增长同时并存的现象；在住房用地市场上，炒地收益高过开发收益，使得一方面地价猛涨地王频出，另一方面土地闲置现象普遍。

（5）加大了对其他产业的挤出效应。作为重要的生产生活资料，房价的上涨提高了其他产业的生产成本；作为焦点产业，房地产投资（机）的高收益使许多本可以用于其他产业投资的资金转投向房地产业。

（6）有可能推动通胀预期转化为真实的物价上涨。一方面，房价上涨可以推高居民生活成本进而推高劳动力成本；另一方面，房地产过热还可以带动上游原材料价格的上涨进而导致物价的上涨。

3. 住房投资（机）需求过旺的主客观原因

（1）金融杠杆过大是造成住房投资（机）需求与住房真实需求失衡的直接原因。2008 年 10 月，商业性个人住房贷款最低首付比例被下调至 20%，理论融资杠杆达到 5 倍。如果不考虑无限追偿，投资（机）者最大的损失只是首付或保证金。而收益率则可放大为房价上涨率的 5 倍。金融杠杆过大使得住房投资（机）的收益与风险极不对称，炒房成为低风险高收益的游戏。

（2）资本过剩、实体经济萎缩与投资渠道匮乏，是造成住房投资（机）需求过旺的经济环境因素。一方面，在宽松货币政策的支持下，2009 年特别是 2009 年上半年信贷规模猛增，大量资金被注入市场。2009 年 6 月金融机构人民币贷款余额为 36. 74 万亿元，比上年末净增 7. 4 万亿元，下半年增速有所放缓，12 月余额仍比上年末净增 9. 6 万亿元。另一方面，产品过剩，实体经济不景气，贷到款的企业由于缺乏可行的投资项目，仍将资金投入资产市场。

（3）市场信息不透明、房价预期一边倒是造成住房投资（机）需求过旺的主观因素。由于市场有效信息缺乏，一方面购房者对政策风向和各种内幕消息非常敏感，概念、题材炒作得以大行其道，一个区域发展规划的公布就可以使当地楼盘价格一天暴涨数千元；另一方面公众预期容易被利益集团所操纵，形成一边倒的房价预期。“土地稀缺”“政府不愿房价下跌”“刚性需求”“通货膨胀保值”“向发达国家城市房价接轨”“恐慌性购房”等一个又一个的概念将房价不断炒高。

（4）通胀预期是近期住房投资（机）需求膨胀的重要推动力。各国政府为应对金融危机而实施的宽松的货币政策，被比喻为“乘直升机撒钱”，使公众产生了较强的通胀预期。与此同时，不动产投资能抵御通胀的观念也广为流传。2009 年豪宅炒作风的再兴起，就可能与高收入者担忧财富缩水有一定的关联。

（二）“逆风向行事”的调控规则及其困境

1. 我国住房市场调控遵循“逆风向行事”的政策规则：萧条期刺激鼓励，繁荣期抑制围堵

通过历史回顾可发现，我国住房市场调控基本上遵循“逆风向行事”的政策规则。即在市场高度繁荣时期，出台一系列针对住房消费或投资（机）的抑制措施，如调高交易税费率、抬高进入门槛、提高按揭成数、加息、舆论引导与道德规劝等，而在市场低迷观望时期，则反过来采取一系列针对住房消费或投资（机）的支持鼓励措施。

由于部分城市房价上涨过快，2009 年末，政府对住房市场展开了新一轮的紧缩性调控。与以往略有不同的是，紧缩调控采取了差别策略，投资（机）需求成为抑制的重点。调控的着力点是差别性信贷政策与税收政策，具体的调控手段有：严格第二套住房购房贷款管理，对已贷款购房又申购第二套（含）以上住房的家庭，首付款比例不得低于40%，利率严格按照风险定价；恢复被暂时调低的个人住房转让营业税免征时限，购买不足 5 年的普通住房对外销售时，按销售收入减购房款的差额征收营业税等。

2. “逆风向行事”调控规则受时滞性、可预期性的困扰

“逆风向行事”的调控规则大都受时滞性及可预期性的困扰，住房投资（机）需求调控也不例外。

时滞性突出表现为，当市场已经出现过热、房价持续飙升时，政府才会考虑出台相应的抑制措施。而此时房价涨势可能已经接近于强弩之末，房价正准备掉头向下，政府的抑制措施会起到刺破泡沫、深化衰退的功效；反之，当市场已见持续低迷时，政府才考虑出台相应的刺激措施，而此时房价可能已经开始见底回升，政府的刺激措施又为新一轮的

房价飙升创造了条件。

可预期性突出表现为，投资（机）者由于预期到政府会在市场不景气时托市，因而不再理会政府的抑制措施，从而使紧缩性调控失效。房价的曲线上涨变成直线上涨，越调越涨的奇特现象可能由此出现。

3. 目前尚缺乏抑制住房投资（机）需求的精确手段

消费品与投资品属性是商品房所固有的两种属性。住房一旦商品化就具有了投资价值，除非禁止住房买卖，否则无法有效抑制住房投资（机）行为。现有的各种投资（机）需求的甄别标准如购房套数、面积、转让时间长短等都具有较大的片面性，容易带来市场结构的扭曲和效率的降低。可以认为，没有二套房投资就不会有租赁市场，而限制住房短期转卖的权利则无形中降低了每一套住房的经济价值。

4. 住房投资（机）需求具有“双刃剑”性质，抑制住房投资（机）需求可能会助长政策周期

由于适度的住房投资（机）是住房市场正常运行所不可或缺的，因而不宜对其采取单纯的抑制措施，否则一旦出现“一紧就死”的局面，政府只能重新作出政策妥协。

5. 针对住房投资（机）需求的抑制性政策只能治标，难以治本

现阶段住房投机需求过旺是宏观经济结构失衡的一种表现形式，如果住房投资（机）渠道受阻，过剩资本有可能流入其他领域，带来一些新的问题如通胀重新抬头等。

（三）政策建议

1. 政策目标：实现投资（机）需求与真实需求的平衡协调发展

改变繁荣期抑制、萧条期刺激的机械规则，转变抑制一方支持另外

一方的传统调控思路，促进投资（机）需求与真实需求的平衡协调发展。在有效调节投资（机）需求的同时，充分发挥其活跃市场、提高市场配置效率等功效。

2. 政策手段：以疏导取代抑制围堵，并辅以降低融资杠杆、减少交易费用、规范投资行为及引导预期合理化等手段

（1）积极创新房地产投资形式，引导资金向其他市场合理流动。发展商业地产、旅游地产等非住宅房地产投资市场，积极探索集体建设用地的流转形式，稳妥发展房地产信托投资基金（REITs）等各类房地产金融产品，使房地产投资的形式更加多样化；将引导住房投资（机）需求与加快中国特色的城市化进程相结合，大力发展城市群，鼓励卫星城市建设，一方面扩展了住房投资空间，另一方面扩大了城市人口容量，有利于从根本上解决城市住房问题；结合产业振兴规划引导资金合理流动，特别是医疗保健、旅游休闲、文化产业等未来朝阳产业，需要进一步放开管制，加大支持力度，在创造新的经济支柱的同时也为过剩资本提供了宣泄渠道。

（2）适度提高各类购房行为（包括初次购房）的按揭成数。没有金融杠杆，住房投资（机）需求将难以兴风作浪。仅提高第二套房及以上的按揭成数并不够，在恰当时机，对首套房的按揭成数也需要适度提高。即使是初次购房，只要购房额超过了偿付能力，购房面积超过实际需要，或未来存在转卖套利的可能，都包含了投资（机）需求的成分。要汲取美国次贷危机的教训，对于中低收入阶层的住房问题，可以设法通过住房保障、租赁市场等途径来解决，但不应鼓励其通过高负债购房来解决。由于信息来源渠道不畅及收入偏低，这部分人的偿债能力与抗市场风险能力更弱。

鉴于期房、毛地的交易具有较强的虚拟性，能够通过适当的操作设计进一步放大金融杠杆，因而对其贷款要从严掌握。要警惕期房买卖演变成完全脱离现实住房买卖的“炒楼花”或“炒合同”。

（3）降低住房交易费用，规范住房投资（机）行为。降低住房交易成本以提高市场效率，包括撤销营业税收减免的转让时间限制，积极降低清理附加在住房交易环节的各种税费，提高政府相关部门办理产权过户手续的效率等。

规范住房投资（机）行为，包括加强对内幕交易的监管，禁止各种形式的价格合谋，对销售者直接或间接雇人排队购买、自按揭或假按揭、签订虚假购买合同等操纵市场行为予以严厉处罚直至追究刑事责任。堵塞保障房的投机套利空间，废除经济适用房等性质模糊的保障房或立法实行封闭运行不得转卖。

（4）以建立信息披露制度作为加强市场监测的重点。“国十一条”提出要加强市场监测，可以考虑把建立信息披露制度作为加强市场监测的重点。房价、人均住房面积、住房困难人数、交易量等重要信息需按期及时公布；改进政府房价指数的编制方法，使其能更好地反映现实房价走势；对于区域发展规划等与房价预期有重大关联的政务信息，要建立适当披露制度，使公众能及时了解其进度；对住房市场调查研究机构进行鼓励与扶持等。

第三章　房地产市场定位

一、充分发挥市场机制作用：将房价交给市场

当前住房市场存在的主要问题是：一方面，行政管控过多扭曲了市场信号，造成开发商和购房者对房价的非理性预期，助长了市场短期波动趋势，降低了市场供给效率；另一方面，大中城市住房供求矛盾长期存在，从长期看大中城市房价仍呈上涨趋势。

（一）平抑房价需更多地依赖市场机制

住房市场政策调控目标分短期目标和长期目标。短期目标是稳定市场预期，避免房价大起大落。商品房兼具投资品与耐用消费品双重属性，其价格受市场预期影响很大。对市场供求形势的非理性判断，可能会造成购房者的集中入市或开发企业争抢地王等“羊群行为”，加剧市场波动，进一步强化非理性预期。经历了 2013 年大城市房价的飙涨，平衡一、二线城市住房供求特别是普通商品住房供求，稳定住房市场预期，应是住房市场的重要短期政策目标。

长期目标是建立自住为主、适度投资、市场调节、政府监控的市场架构。以往的住房市场调控存在两大教训：一是过于排斥市场投资投

机，单纯地认为投资投机将推高房价激化供求矛盾，而忽视了住房投资投机可充当沟通当前与未来需求桥梁的作用；二是过于高估政府管控房价能力，而忽视了市场调节机制本身作用的发挥。事实证明，政府难以有效管控房价，未来平抑房价调节供求还需要更多地依赖市场机制的作用。

总结以往经验教训，结合中国住房的主要问题与矛盾，未来中国住房政策的取向应是：弱化行政管控，使市场机制能够充分发挥作用；深化市场改革，最大限度地改善居民实际住房条件。因而未来的政策目标可以概括为：建立自住为主、适度投资、市场调节、政府监控的市场架构。

（二）理顺市场供求机制

（1）理顺市场供求机制，强化市场预期管理。政府应将短期政策的重点放在市场预期管理上，避免购房者或开发企业出现集中性的“羊群行为”，给市场造成冲击，引发房价短期大起大落。政府要根据发展需要，保持土地供给特别是普通商品住房土地供给稳定增长，形成相对稳定的供地规则，不可饥饿式供地或集中密集推地；降低住房交易税费，简化住房交易程序，使住房配置效率提高；避免对夹心层住房保障或房价作出不切实际的承诺；保持政策的相对稳定，政策的实施或退出要采取渐进式，留出缓冲期，或采取正负面政策对冲的办法；紧密监控市场，对给市场预期造成重大预期的事项，要及时发布可靠消息，消除流言或借机炒作行为；明确各级政府稳定市场预期责任，要求第一时间平息可能造成房价重大波动的市场不实传言；当住房市场出现显著的过冷或过热，政府应及时采取适当措施干预市场，稳定市场预期。

（2）逐步放开住房限购，适时推进房产税改革。限购政策虽然有效限制了住房投资、投机，但同时也扰乱了市场供求信号，造成市场对房价预期的非理性波动，降低了住房资源的配置效率。限购政策针对外地户籍家庭购房的歧视性限制，妨碍了人口流动和新型城市化的建设。未来应逐步取消住房限购政策，由市场自由调节住房供求。

为避免政策取向变动过快带来的市场冲击，首先可以考虑将限购政策实施权下放给各地方政府，由地方政府根据房价、供求矛盾状况自行决定是否采用限购措施，以及采用何种限购措施。改变以往政策中各直辖市、计划单列市、省会城市和部分房价上涨过快城市必须限购的“一刀切”式规定，最后随着房价的稳定，逐步直至全面取消限购。

在逐步放开住房限购的同时，因地制宜地推进房产税改革，通过合理的住房持有税设计达到鼓励自住、抑制投机的目的。

（3）放松住房开发管制，增强开发市场竞争。通过降低门槛、促进商品住房开发市场竞争，有效提高住房供给数量、降低住房供给成本：一是简化住房开发建设的审批、规划和上市销售手续，厘清住房开发建设过程中的各种不合理税费；二是允许单位、个人在符合规划的条件下利用自有土地自建住房和上市出售；三是积极培育代建、合作建房等多种形式的住房供给模式；四是建立与自建房、代建、合作建房相适应的产权多级拆分制度与便利程序；五是探索与代建、合作建房、自建住房相适应的住房融资模式，给予代建、合作建房、自建住房必要的金融支持；六是有条件地放开住宅用地的容积率管制，允许符合条件的地块由开发单位根据市场需要自定开发强度。

（4）完善房地产信息系统，推进房产信息公开化。房地产信息的公开化对于住房市场的理性健康发展极为重要：一是建立政府公益性房地产信用信息系统，并完善信息公开发布与共享机制；二是尽快实现住房产权的统一登记与全国联网；三是在不动产统一登记制度的基础上，推进房产产权信息的公开化与网络公开查询，以更好地落实物权法规定，保障不动产交易安全，有效保护不动产权利人的合法财产权；四是根据谁投资、谁受益的原则，鼓励民间机构投资建立营利性房地产信息系统。

（5）明确住房保障范围，厘清政府与市场界限。为提高住房市场效率、保证社会公平及铲除腐败土壤，住房保障范围应严格限定在无法通过市场解决住房问题的人群。其他各类人群的住房问题都应交由市场解决。消除因保障范围扩大化及保障房水准过高，带来的住房保障资源为更具有利益诉求渠道的各类利益群体所占据，而真正需要保障的人反而无法获得保障的现象。

二、关注住房民生属性：让利减负是深化住房改革的基本方向

长期以来，我们对高房价渐渐习以为常，而忽视了其显而易见的危害。房价被认为可涨不可跌，居民住房负担过重，产业结构出现“房地产化”。深化住房改革，应以降低居民住房负担、平抑普通商品住房价格为基本方向。通过多方让利，实现住房市场与宏观经济的协调发展。

（一）住房市场对经济增长的推动作用已经见顶

过去十多年来，住房市场的空前繁荣极大地推动了中国经济的增长。从经济结构看，中国近 10 年经济增长主要靠固定资产投资拉动，而住房投资则正是构成固定资产投资的主要部分。如果再考虑到住房投资对其上下游产业如钢铁、水泥、家电等的拉动作用，住房市场对宏观经济增长的作用可谓举足轻重。此外，住房建筑及装饰行业吸纳了大量

农民工就业，具有极重要的社会稳定意义。与住房市场空前繁荣相对应的高房价，显著增进了地方政府财力，进而大幅度提高了中国城市的公共服务与基础设施水准。1998—2013 年，中国商品住宅开发投资年均增长率为 26%，同期名义 GDP 的年均增长率为 13%。住房市场与宏观经济总体上实现了相互促进与共同繁荣。

2014 年以来，住房市场对宏观经济增长的推动作用已经出现见顶迹象。住房市场的各项重要指标增速均显著下滑，进而拖累了宏观经济的增速。首先是开发投资增速下挫，使得作为经济增长三驾马车之首的投资增速放缓。2015 年 11 月，中国商品住宅开发投资额累计为 59069 亿元，同比增长 0.7%，朝正向零增长甚至负增长逼近。其次新开工面积负增长，住房建筑产业对劳动力的吸纳已经显著下降。2015 年 11 月，中国商品住宅累计新开工面积为 97077 万平方米，同比下降 15.3%。此外，土地市场总体低迷，使得地方政府财力缩水。2015 年 11 月，中国房地产开发累计土地购置面积为 19894 万平方米，同比下降 33.1%。

（二）住房负担过重是我国产业转型困难的重要原因

一方面，住房市场对经济增长的推动作用已经见顶；另一方面，高房价使得经济结构出现深度的“房地产化”，具体表现为居民消费乏力、政府投资独大、企业普遍“涉房”，产业转型升级困难重重。

从需求侧看，高房价使城镇居民家庭负担过重，消费增长乏力，房地产经济有沦为“房奴经济”的隐忧。在微观层面，居民家庭好不容易拥有了住房所有权，却一不小心成为“房奴”，下半辈子将为银行、政府与开发商打工。高额的按揭本息使得“房奴”们紧缩消费、不敢失业，消费水平与幸福指数双下降。在宏观层面，购房者实际可支配收入较低，也使得社会经济内需不足，产业转型升级乏力。截至2015年9月，中国商业性房地产贷款余额为20.2万亿元，同比增长20.9%，其中购房贷款余额为12.4万亿元，同比增长21.6%。这还不包括公积金贷款及购房者向家庭成员、亲友的借款，以及以各种其他名义向金融机构拆借用于购房的款项。房价与租金的螺旋拉升，也使得租房者面临既租不起房，更买不起房的困境。

从供给侧看，高房价决定了政府投资必须在经济增长中起主导作用。在土地由政府独家出让的条件下，政府是高房价的主要受益者。政府通过高房价集中的这部分社会财富，必须通过政府投资的方式再花出去，才能维持国民经济运行的宏观平衡，这使得政府投资在经济增长中的作用不可替代。在公共基础设施水平较低的条件下，政府投资能够显著提高经济效率，推动经济增长。但随着公共基础设施水平的不断提高，政府投资的经济效率也不断递减，低效浪费现象凸显，这需要进一步优化经济结构，降低政府投资比例。

总之，在住房高库存的条件下，如果仍继续原有的“经济房地产化”导向，通过不断刺激住房市场以维系高房价和经济高增长，势必降低居民消费水平，加重住房结构过剩，影响经济的顺利转型。

（三）住房政策应实现居者有其屋和藏富于民双重目标

住房市场发展应与转变经济增长方式相结合，通过适度藏富于民，实现住房市场与经济社会的协调发展。这需要创新住房政策导向，由过于强调住房市场的经济支柱作用，转向适度强调住房民生导向。不断采取措施，平抑普通商品住房价格，降低居民家庭的实际住房负担。

一是降低购房家庭还款负担，使“房奴”翻身为“房主”。中国城镇居民家庭住房自有率虽然较高，但是很多人因此背负着高额的房贷，反而成了所谓的“房奴”，下半辈子或将要为银行打工，消费增长潜力被提前透支。当前阶段，应通过政府与银行共同让利，降低居民家庭购房金融负担，使“房奴”解放出来，实现居者有其屋和藏富于民的双重目标。具体措施包括：出台按揭贷款利息抵扣个人所得税政策，在降低居民家庭还贷压力的同时，解决不同资产状况家庭的税负不公问题；对居民家庭购买首套普通商品住房提供购房补贴和利息补贴；提高公积金覆盖面，改革公积金归集信贷制度，降低公积金贷款利率，让更多的家庭能够获得低息购房贷款；进一步支持与鼓励商业性金融机构提供低息购房贷款。

二是加快农村集体建设用地入市探索，弥补城市住房用地供应不足。当前的住房高库存只是一种相对过剩，并非城镇居民住房已经接近绝对饱和水平。城镇居民中，需要改善住房条件的家庭仍然很多，并且外围还有大量农民工期望在城市拥有住房。但面对高昂的城市房价，他们只能望而却步，或继续蜗居，或返乡建房。在城市政府垄断土地供应的条件下，城市政府往往倾向采取饥饿供地的办法来维持房价坚挺，造成城镇住房的相对过剩局面。这需要加快农村集体建设用地入市探索，打破城市土地供应垄断，扩大住房用地供应，进一步平抑房价，提高居住水平。

三是增加热点区域普通商品住房供应，抑制针对普通商品住房的投机。在政府无法对城市“夹心层”提供充分住房保障的条件下，普通商品住房实际上具有一定的保障房性质。对于一些房价畸高、住房供求矛盾突出的热点城市，应采取措施加大普通商品住房供应，降低普通商品住房供应成本。在平抑房价的同时，提高居民住房水平。具体政策包括：加大普通商品住房土地供应，加快普通商品住房用地入市节奏，未完成普通商品住房供地任务的城市同时调减总体供地指标；在规划和税收等方面给予普通商品住房政策优惠，降低其供应成本；提高普通商品房入市审批的速度，简化审批程序；在补交土地出让金和科学规划的前提下，支持商改住、工改住等土地用途变更；严格抑制针对普通商品住房的投资投机；放开高端商品住宅购买限制。

四是减免普通商品住房交易税费，促进自由迁徙和居住条件改善。当前普通商品住房的高交易税费政策既未能有效防范住房投机，又增加了普通购房者的负担，降低了市场效率。通过降低普通商品住房交易税费，以促进居民家庭自由迁徙，支持居民换购住房改善居住条件。具体措施包括：扩大契税优惠，所有普通商品住房契税均按1%的优惠税率收取；取消2年限制，所有普通商品住房交易免征营业税；取消自用5年及唯一生活用房限制，所有出售普通商品住房的所得均免征个人所得税；对于卖一买一的换房需求除给予税费减免外，还可给予适度财政补贴。

三、住房政策应转向适度强调民生导向

在内部结构性过剩严重、外部环境趋于恶化的条件下，如果仍继续原有的“经济房地产化”导向，通过不断刺激住房市场以维系高房价和经济高增长，势必降低居民消费水平，加重住房结构过剩，影响经济的顺利转型。住房市场发展应与转变经济增长方式相结合，通过适度藏富于民，实现住房市场与经济社会的协调发展。这需要创新住房政策导向，由过度强调住房市场的经济支柱作用，转向适度强调住房民生导向，不断采取措施，降低居民家庭的实际住房负担。

（一）房地产与宏观经济：协调发展难度加大

2015 年，在宏观政策支持力度加大特别是信贷宽松的大背景下，住房交易显著回暖，去库存速度加快，房价上涨城市有所增加，平均房价也止跌回升。但不同区域住房市场差异巨大，一线城市率先完成去库存过程，房价出现一波快速上涨；二、三、四线城市由于前期库存过高、需求增长相对疲软，楼市复苏较为缓慢。由于全国住房库存总体水平仍较高，住房开发投资继续下滑，对宏观经济增速形成拖累。

第一，住房均价止跌回升，涨价城市有所增多。2015 年 5 月，我国大中城市平均房价扭转了自 2014 年 5 月以来的跌势，呈中低速上涨态势。到 2015 年 10 月，100 个大中城市样本住宅平均价格上涨至 10849 元，比 5 月上涨了 280 元，房价上涨城市有所增多。从环比看，到 2015 年 9 月，房价环比上涨的城市增至 59 个，环比下降的城市进一步降为 41 个。但到 2015 年 10 月，环比涨价与跌价城市个数又回到 5 月水平。从同比看，到 2015 年 10 月，同比上涨的城市增至 33 个，同比下降的城市降为 67 个。

第二，一线城市房价快速上涨，二、三线城市楼市缓慢复苏。在宏观刺激政策特别是宽松货币政策的作用下，不同城市楼市表现不一。一线城市率先完成库存去化过程，房价结束调整出现强势反弹。二、三、四线城市库存仍然较高，楼市复苏缓慢，房价微涨或延续 2014 年第二季度以来的跌势。到 2015 年 10 月，一线城市房价涨速回落，二、三线城市房价涨速仍低位徘徊。在 100 个大中城市中，一线城市房价指数环比上涨 1.46%，同比上涨 13.75%；二线城市房价指数环比下降 0.22%，同比下降 1.28%；三线城市房价指数环比上涨 0.05%，同比下降 2.66%。其中北京、上海、广州、深圳四个一线城市房价同比涨幅居全国之冠，特别是深圳，2015 年房价同比涨幅惊人。

第三，住房交易显著回暖，库存水平有所下降。得益于宏观政策对住房市场的大力扶持，住房销售走出阶段性低迷，销售增速回升很快。到 2015 年 10 月，中国商品住房累计销售面积为 83713.35 万平方米，同比增长 7.9%；商品住房累计销售额为 54702.71 亿元，同比增长 18%。随着销量回升，库存增速下降，库存绝对水平也一度出现下降。到 2015 年 9 月底，中国新建商品住房待售面积降至 42474.00 万平方米，同比增长 12.7%，增速比 3 月底下降 10.8 个百分点，从绝对量看也比 3 月底减少 343.00 万平方米。但到 2015 年 10 月底，新建商品住房待售面积又上升至 43654.00 万平方米，同比上升 14%。

第四，去库存阶段尚未完成，开发投资增速持续下滑。虽然一线城市房价迅速反弹，但是由于总体住房库存水平仍处较高位，2015 年开发企业主要以去库存为主，对投资购地积极性不高，开发投资增速持续下降，对宏观经济增速形成拖累。到 2015 年 10 月，中国商品住宅开发投资额累计为 53149.70 亿元，同比增长 1.3%，增速比 3 月还下降 4.6 个百分点，新开工面积仍然维持负增长。2015 年 10 月，中国商品住宅累计新开工面积为 87752.70 万平方米，同比下降 14.7%，增速比 3 月提高 6.2 个百分点，土地市场总体持续低迷。2015 年 10 月，中国房地产开发累计土地购置面积为 17847.41 万平方米，同比下降 33.8%，增速比 3 月下降 1.4 个百分点。

第五，政策刺激力度加大，市场预期出现分化。出于对宏观经济不景气的担忧，刺激住房需求被当作拉动宏观经济的重要手段。购房门槛下降，融资成本降低，购房金融杠杆加大，不仅支持了改善性住房需求的释放，也吸引了部分投资投机需求的进场，同时避免了楼市出现一边倒的看跌预期。宏观刺激政策是促成 2015 年 5 月以来住房销售速度显著提升的重要原因。

（二）困境：内部结构失衡，外部风险积聚

从住房市场内部看，存在显著的结构失衡，一线城市的供求矛盾突出与三、四线城市的供过于求并存；从外部环境看，中国经济增速放缓，人民币贬值压力增大，全球经济衰退风险增加，金融市场动荡加剧，利空因素不断显现。

1. 内部供求严重失衡，结构性过剩与结构性短缺并存

当前我国住房市场一个很突出的问题是，住房市场发展严重失衡，结构性过剩与结构性短缺并存。一线城市住房供求矛盾突出，房价畸高；三、四线城市及部分二线城市住房市场呈现阶段性过剩，库存高企，房价下跌。

首先，三、四线城市和部分二线城市供过于求，房价下跌。过去十年，在快速城镇化与工业化浪潮的强力推动下，城镇住房整体呈现供不应求的态势；一方面，大量农村人口涌入城市，形成巨大的住房刚性需求；另一方面，工业大发展、经济起飞所带来的国民家庭收入快速增长，必然催生大量改善家庭原有居住条件的诉求。与此相对应的是，我国原有的城市规模狭小、住房老旧，无法满足爆发性增长的住房需求。但2014年以来，住房“总量供不应求”时代已经淡出，“结构性过剩”时代已经到来。城镇化与工业化作为过去十年住房市场发展的超级引擎，目前都处于减速状态。经济增长进入“新常态”，城市经济结构正面临着巨大的转型升级压力。由于收入增长决定人口流向，经济减速也意味着城市对人口的吸引力正在减弱。在需求总量退热的同时，中国城镇住房却已经累积了巨额的存量，并且仍在按以往的惯性高速增长，特别在一些三、四线城市，商品住房积压现象已经很严重。2014—2015

年，尽管政府对住房需求管控政策已经趋于宽松，但这些城市住房市场价格仍然在主动下调。这表明，住房市场形势正由总量供不应求进入结构性过剩阶段。

其次，一线城市住房供求矛盾突出，房价出现飙涨。虽然住房总量短缺的时代已经过去，三、四线城市住房短期过剩明显，但由于人口的净流入及收入水平的提高，一线城市住房现阶段仍存在一定程度的短缺，这是2015年一线城市房价暴涨的基本市场条件之一。一线城市在当前及未来一段时间内仍将呈现人口净流入的态势，这是由产业结构转变的趋势决定的。我国产业结构正面临深刻转型，第三产业在经济总量中的比重将不断上升，而第二产业在经济总量中的比重将趋于下降。由于第三产业主要集中于一线城市，而第二产业则是三、四线城市的重要经济支柱，这种产业结构转型实际上指明了未来的城市的人口流向。三、四线城市目前商品住房高库存及滞销问题已经较为严重，而当前及其未来一段时间内的人口又呈流出态势，住房供给结构性过剩问题必将会更加突出。而一线城市随着人口的大量流入，住房仍将供不应求。

此外，优质住房也存在“结构性短缺”。虽然从量的方面看，中国城镇商品住房已经出现结构性过剩。但从质的方面看，很大一部分家庭居住条件仍然较差，狭小公寓、老旧公寓或不成套住宅占存量住房的比重很大。随着人们收入的增长和对生活品质要求的进一步提升，对优质住房的需求还将稳步增长，优质住房仍然具有一定的稀缺性。

2. 外部环境趋于恶化，市场短期向下风险增加

经济快速增长、城镇化加速推进及人民币持续升值是2002年以来中国房价突飞猛进的重要外部条件。但自2008年全球金融危机以来，中国楼市迅猛发展的外部条件已经出现微妙转变，这种转变首先表现为经济增速下滑，接着汇率也面临较大的贬值压力。2015年以来中国资

本市场的大起大落，进一步加大了楼市短期风险。同时，全球经济面临进一步衰退，也为中国楼市持续繁荣投下阴影。

一是中国经济增速下降对楼市形成直接冲击。中外历史经验表明，房地产市场表现与宏观经济增长息息相关，经济增速下滑一般都将导致房价下跌。经济增速下降，直接意味着房价预期降低，住房需求增速放缓，对房地产市场表现形成直接负向冲击。

二是人民币由升值预期进入均衡预期，带来房价向下重估压力。

三是中国资本市场动荡加剧，大为挫伤楼市信心。2014 年以来，中国股市出现剧烈动荡，上证指数从 2014 年 3 月 12 日盘中的 1974.38 点，迅速飙涨到 2015 年 6 月 12 日盘中最高的 5178.19 点。此后，股指又一路狂跌，从 6 月的最高点到 8 月 26 日盘中最低的 2850.71 点，不到两个半月大盘就跌去了 45%。作为广义金融市场的重要组成部分，楼市走势无疑与其所处的金融环境及宏观经济形势变化息息相关。中国股市巨幅波动引发投资者对系统性金融风险的担忧，挫伤了投资者对中国楼市的信心。受资本市场动荡的影响，2015 年 7 月开始一线城市房价环比涨速冲高回落。

四是全球经济衰退风险加剧，进一步增加楼市不确定性风险。2005—2014年的十年间，全球 GDP 年增长率平均值只有 3.9%。作为全球最大经济体的美国，GDP 增长率近 14 年没有超过 4%。作为继中国之后全球第三经济大国的日本，近两年的 GDP 增长率一直没有达到 2%。新兴经济体中前几年增长势头很猛的阿根廷、巴西、印度等国都纷纷跌破 6% 大关。全球经济衰退风险加剧，对中国住房市场复苏造成不利外部影响。

3. 住房产业承载了过多的压力

过去十多年来，住房市场的繁荣推动了经济快速增长，促进了地方政府财力增长进而使公共服务水准显著提升。中国经济的增长主要靠投资拉动，而住房投资是当前固定资产投资的主体。如果再考虑到上下游产业的作用，住房产业对宏观经济的拉动作用举足轻重。住房建筑及装饰行业也吸纳大量农民工就业，具有极重要的社会稳定意义。此外，住房市场的景气度将直接影响公众的经济信心。

但另一方面，住房产业被作为宏观经济支柱与地方政府金库，也承载了过多的压力。房价被认为可涨不可跌，高房价使城镇居民家庭负担过重。在目前全球经济不景气、中国经济增速也不断下滑的条件下，政府必然寄希望于通过刺激房地产市场，来保证经济增长与社会底层就业，提振经济信心，刺激住房市场将成为政府保证经济增长的一个重要筹码。居民好不容易拥有了住房，却一不小心成为“房奴”。高额的按揭本息使得“房奴”紧缩消费、不敢失业，生活水准与幸福指数双下降。购房者实际可支配收入较低，也使得社会经济内需不足，产业转型升级乏力。

（三）出路：转变发展方式，实现藏富于民

在内部结构性过剩严重，外部环境趋于恶化的条件下，如果仍继续原有的“经济房地产化”导向，通过不断刺激住房市场以维系高房价和经济高增长，势必降低居民消费水平，加重住房结构过剩，影响经济的顺利转型。住房市场发展应与转变经济增长方式相结合，通过适度藏富于民，实现住房市场与经济社会的协调发展。这需要创新住房政策导向，由过度强调住房市场的经济支柱作用，转向适度强调住房民生导向，不断采取措施，降低居民家庭的实际住房负担。

第一，降低购房还款负担，实现居者有其屋和藏富于民双重目标。中国城镇居民住房自有率虽然较高，但是很多人因此背负着高额的房

贷，反而成了所谓的“房奴”，下半辈子或将要为银行打工，消费增长潜力被提前透支。当前阶段，应适应市场供求形势的转变与经济结构转型需要，在鼓励自有住房的同时，进一步降低居民购房金融负担，将“房奴”解放出来，实现居者有其屋和藏富于民的双重目标。具体措施可包括：出台按揭贷款利息抵扣个人所得税政策，在降低居民家庭还贷压力的同时，解决不同资产状况家庭的税负不公问题；对居民家庭购买首套普通商品住房提供购房补贴和利息补贴；提高公积金覆盖面，改革公积金归集信贷制度，降低公积金贷款利率，让更多的家庭能够获得低息购房贷款。

第二，减免普通商品住房交易税费，促进自由迁徙和居住条件改善。当前普通商品住房的高交易税费政策既未能有效防范住房投机，又增加了普通购房者的负担，降低了市场效率。通过降低住房交易税费，以促进居民家庭自由迁徙，支持居民换购住房改善居住条件。具体措施可包括：扩大契税优惠，所有普通商品住房契税均按1%的优惠税率收取；取消2年限制，所有普通商品住房交易免征营业税；取消自用5年及唯一生活用房限制，所有出售普通商品住房的所得均免征个人所得税；对于卖一买一的换房需求除给予税费减免外，还可给予适度财政补贴。

第三，增加热点区域普通商品住房供应，抑制针对普通商品住房的投机。对于一些房价畸高、住房供求矛盾突出的热点城市，应采取措施加大普通商品住房供应，在平抑房价的同时，提高居民住房水平。具体政策可包括：加大普通住房土地供应，加快住房用地入市节奏，未完成供地任务的城市将同时调减总体供地指标作为惩罚；提高中低价位普通商品房入市审批的速度，简化审批程序；在补交土地出让金和科学规划的前提下，支持商改住、工改住等土地用途变更；严格抑制针对普通商品住房的投资投机，限制居民购买多套普通商品住宅；放开高端住宅购买限制。

第四，加快农村集体建设用地入市探索，弥补城市住房用地供应不足。在城市政府垄断土地一级供应的条件下，城市政府往往采取饥饿供地的办法，来维持房价坚挺。这虽然有利于为地方公共财政筹资，但也加重了居民购房负担，降低了消费水平和生活品质。在城市住房用地供应不足时，可以加快农村集体建设用地入市探索，打破城市土地供应垄断，进一步平抑城市房价，提高居住水平。

第五，提高存量住房品质，改善居民住房条件。住房市场正由增量时代向存量时代过渡，但已有的存量存在老化和品质偏低的问题，应着力提高住房品质，改善居住条件。具体措施可包括：进一步放宽户籍限制，提升教育、医疗等公共服务水平，吸引农村人口进城就业和置业；支持老旧住宅小区翻新、加设电梯和添置其他老年、儿童便利设施；积极为社区联谊、社交活动搭建平台，创造温馨和谐居住环境；在不影响其他居民居住环境的前提下，支持住宅转商用或用作创业场所。

四、从住房的居住属性出发看楼市政策

从本质上看，住房必然同时具有两种天然属性：一是作为耐用消费品的居住属性；二是作为金融投资品的投资属性。一般来说，这两种属性是同时存在，不可分割的。但这两种属性存在一个主次关系，居住属性是住房的基本属性，投资属性属于住房的派生属性。离开了居住属性，住房的投资属性要么不复存在，要么只能对社会产生负的效应。投资属性作为派生属性，必须服务于基本属性。住房投资，必须以节约资源、提高居民居住水平为目标。如果派生属性脱离了基本属性，要么形

成大量无人居住的“鬼城”，最后只能卖给投机者或单纯套取银行贷款，从而对社会资源造成极大浪费；要么把房价不断炒高，少数人拥有大量住房，而多数人居住水平提高缓慢，住房负担沉重。

一方面，结合我国国情看，由于现阶段人口向大城市流动，大城市收入和就业机会均要优于中小城市，从而造成特大和大城市住房短缺局面在很长一段时期内存在。在这种条件下，纵容投资投机者炒高房价必将妨碍居民住房水平的提高。这说明，特大和大城市政府应采取有效措施保障居民基本住房需求、抑制住房投资投机，限购限贷等住房需求管控政策将在这些城市长期持续存在。

另一方面，对于广大中小城市而言，由于人口流出产业转型困难、收入偏低、就业机会相对缺乏，住房总体供大于求的局面也将在较长时期内存在。对于这些城市，住房去库存的主基调并没有发生变化，已存在的购房鼓励或优惠政策有望延续。

但从长期或历史经验看，单纯的需求管控政策无法从根本上有效抑制住房投资投机及房地产泡沫的发生，“越调越涨”的历史怪圈很难被打破。因此，除了必要的需求管控政策外，还必须加快推进住房供给侧的结构性改革，解决困扰住房市场的深层次矛盾，构建住房市场稳健均衡发展的长效机制。

当前住房市场的深层次矛盾主要体现在以下三点：

一是人口流入地住房用地供应不足。其解决办法是实行用地指标的人地挂钩，推行跨区域的土地占补平衡或适度弱化热点区域农地占用的刚性约束。但是应当看到，住房供求的结构性矛盾和城市体系发展失衡有关，单纯增加热点区域土地供应并不能完全解决人口流入地住房用地不足的问题，此外适度地保留农地也有利于维护城市生态平衡和提高宜居性。

二是土地市场的高度垄断。地方政府对土地市场的高度控盘必然导致房价居高难下，城乡人口资源双向流动的渠道被人为割断。解决这个矛盾需要加快农村集体建设用地入市步伐，打破土地出让的市场垄断，形成多元化的土地来源。这也有利于鼓励地方城市化路径创新，促进城乡人口与资源的双向流动，从而缓解城市人地矛盾。

三是投资投机性住房持有成本过低，居住性住房居住成本过高。对于自住购房者而言，往往还了房贷之后，收入已经所剩无几。但对于杠杆投机者而言，房价的上涨借助杠杆效应将带来收益的几何倍数增长。因此，需要提高投资投机住房的持有成本，降低合理自住房的居住成本。从前者说，需要尽快出台住房房产税，提高居民持有过多住房的成本，同时给予合理自住房面积减免、价值减免或综合减免。从后者看，需要尽快推出合理范围内的按揭贷款利息抵扣个人所得税政策，完善政策性住房金融体系、促使住房价格回归理性等，降低居民住房负担，促使其住房水平不断提高。

五、对商品住房居住属性的认识与发展

2016 年 12 月，中央经济工作会议提出要坚持“房子是用来住的，不是用来炒的”的定位，要求回归住房居住属性。2017 年 12 月 21 日下午，习近平总书记在中央财经领导小组第十四次会议上，进一步指出“要准确把握住房的居住属性”，这是立足中国国情和住房政策实践教训，对中国住房市场的科学再定位。

对住房属性的认识经历了一个曲折的过程。从中华人民共和国成立后到改革开放以前，人们主要关注的是住房的基本居住属性，住房政策的主要目标是保障城镇居民基本住房需求。与此相适应，城镇住房分配

实行的是福利分房与配给制。该阶段虽然有效地保障了城镇居民的基本住房需求，但由于缺乏资金且资源配置效率较低，城镇居民住房水平提高缓慢。到 1978 年，城镇人均住房建筑面积仅为 6.7 平方米。

改革开放以后，随着人民收入水平的不断提高，城镇居民家庭对居住水平也提出了更高的要求。原有的住房制度难以适应形势变化的需要，以市场化为导向的住房制度改革摸着石头探索前行。自 1978 年改革开放以来，中国住房市场化改革先后经历了探索试验售房阶段（1978—1985 年），提租补贴阶段（1986—1990 年），以售带租阶段（1991—1993 年），全面推进阶段（1994—1998 年 6 月），取消福利分房、实行货币分房阶段（1998—2001 年）等改革步骤。1998 年 6 月，国务院发布《关于进一步深化城镇住房改革加快住房建设的通知》（国发〔1998〕23 号），提出“1998 年下半年开始停止住房实物分配，逐步实行住房分配货币化”，“停止住房实物分配后，新建经济适用住房原则上只售不租”，“发展住房金融，培育和规范住房交易市场”，“扩大个人住房贷款的发放范围，所有商业银行在所有城镇均可发放个人住房贷款。取消对个人住房贷款的规模限制，适当放宽个人住房贷款的贷款期限”。这标志着沿袭数十年的福利住房政策为住房商品化所取代，确立了以经济适用房为主的多层次城镇住房供应体系。随着住房市场化改革的推进，被压抑的住房需求不断得以释放，住房市场规模持续扩大。到 2001 年，全国商品住宅投资达到 4216.68 亿元，占全国城镇住宅投资的 67.34%，城镇人均住房建筑面积达到 20.8 平方米。但是直至 21 世纪初，由于城乡居民家庭收入水平仍然较低，尚未达到大规模改善住房条件的门槛值，住房潜在需求释放缓慢，住房改革艰难推进，社会各界对住房改革的反响相对较为冷淡。

2002 年以来，在快速城镇化与工业化浪潮的强力推动下，城镇住房整体呈现供不应求的态势，住房市场形势发展提出了住房进一步商品化的要求，住房的投资投机属性也开始为多数人所认识。在这一时期，一方面，大量农村人口涌入城市，形成巨大的住房刚性需求；另一方面，工业大发展、经济起飞所带来的国民家庭收入快速增长，必然催生大量改善家庭原有居住条件的诉求。与此相对应的是，我国原有的城市规模狭小、住房老旧，无法满足爆发性增长的住房需求。2003 年 8 月，建设部《关于促进房地产市场持续健康发展的通知》（国发〔2003〕18 号）将经济适用房由“住房供应主体”修改成了“具有保障性质的政策性商品住房”，确立了房地产为国民经济发展的支柱产业，进一步弱化了经适房的供应主体地位，使普通商品房成为市场的供应主体。在这一阶段，我国住房发展的成效卓著，大多数城镇居民家庭都拥有了一套及以上商品住房，还有不少家庭拥有多套商品住房。很多进城务工的农民家庭，也在其流出地县城或地级市购置了一套及以上商品住房。到 2010 年，城镇人均住房建筑面积达到 31.6 平方米，但该阶段在住房大发展的同时，也产生了一些突出负面效应，如房价飞涨、住房投机盛行及泡沫堆积等，受到各方的批评。

随着住房全面商品化和城镇房价的持续飞涨，不仅低收入阶层无力购房，还产生了大量介于高收入与低收入阶层之间住房困难“夹心层”，人们开始重新意识到保障房制度建设的重要意义。不少人认为，商品房市场的诸多矛盾如房价飞涨、城镇中低收入阶层住房困难等，正是由于保障房缺位所导致。中低收入住房困难阶层应由政府提供住房保障，其他收入阶层则可通过市场购买商品房。政府只要提供了完善的住房保障，无论商品房价格如何涨跌都不会影响经济社会稳定，政府无须再干涉商品房市场运行，这样就可达到既保障市场效率，又兼顾民生的政策目的。在此思路的指导下，中国住房政策进入保障房补课的新阶段。2011 年“十二五”规划纲要中，正式提出“十二五”期间建设 3600 万套保障房的目标任务，标志着“保障房补课”思想正式付诸政策实践。

然而，近年实践进一步证明，“商品住房”也并非一种单纯的“商品”，商品住房的商品（投资）属性和民生（居住）属性不能简单割裂开来。完全依赖市场机制，不仅不能解决中国住房市场根本矛盾，还将进一步扭曲经济社会结构。当前，住房市场的深层次矛盾主要体现在以下两点：

一是土地市场高度垄断导致商品房价长期畸高。中国住房用地由地方政府独家出让，地方政府对土地市场的高度控盘必然造成房价居高难下，收入分配扭曲。

从需求侧看，高房价使城镇居民家庭负担过重，消费增长乏力，房地产经济有沦为“房奴经济”的隐忧。在微观层面，居民好不容易拥有了住房所有权，却一不小心成为“房奴”，下半辈子将为银行、政府与开发商打工。高额的按揭本息使得“房奴”们紧缩消费、不敢失业，消费水平与幸福指数双下降。在宏观层面，购房者实际可支配收入较低，也使得社会经济内需不足，产业转型升级乏力。

从供给侧看，高房价决定了政府投资必须在经济增长中起主导作用。在土地由政府独家出让的条件下，政府是高房价的主要受益者。政府通过高房价集中的这部分社会财富，必须通过政府投资的方式再花出去，才能维持国民经济运行的宏观平衡，这使得政府投资在经济增长中的作用不可替代。在公共基础设施水平较低的条件下，政府投资能够显著提高经济效率，推动经济增长。但随着公共基础设施水平的不断提高，政府投资的经济效率也不断递减，低效浪费现象凸显。

二是区域结构性矛盾突出，结构性过剩与结构性短缺并存。由于现阶段人口向大城市流动，大城市收入和就业机会均要优于中小城市，从而造成特大和大城市住房短缺局面将在很长一段时期内存在。另外，对于广大中小城市而言，由于人口流出产业转型困难、收入偏低、就业机会相对缺乏，住房总体供大于求的局面也将在较长时期内存在。在这种条件下，纵容投资投机者利用金融杠杆炒高大城市房价必将恶化供求矛盾，妨碍居民住房水平的提高。而纵容金融资本对中小城市房价的炒作，则会加剧住房相对过剩。

从本质上看，住房必然同时具有两种天然属性：一是作为耐用消费品的居住属性；二是作为金融投资品的投资属性。一般来说，这两种属性是同时存在，不可分割的。但这两种属性存在一个主次关系，居住属性是住房的基本属性，投资属性属于住房的派生属性。离开了居住属性，住房的投资属性要么不复存在，要么只能对社会产生负的效应。投资属性作为派生属性，必须服务于基本属性。住房投资，必须以节约资源、提高居民居住水平为目标。如果派生属性脱离了基本属性，要么形成大量无人居住的鬼城，最后只能卖给投机者或单纯套取银行贷款，从而对社会资源造成极大的浪费；要么把房价不断炒高，少数人拥有大量住房，而多数人居住水平提高缓慢，住房负担沉重。政府不仅需要提供基本住房保障，还有责任担负维持商品住房市场平稳健康运行的重任。各地方政府应采取有效措施保障居民合理住房需求、抑制住房投机和平抑住房价格。

第四章　房地产市场与金融市场

一、房地产市场与外汇市场：人民币贬值或增大房地产下行压力

2005 年 7 月 21 日，人民币对美元开始进入一个持续十年的单边升值阶段。十年间，人民币对美元汇率升值了 35%，人民币实际有效汇率升值了 54% 以上。持续十年的人民币单边升值，营造了极宽松的资金氛围，有力地助推了中国房价的快速上涨。

然而时隔十年，单边升值阶段告终，人民币对美元开始进入双边波动、贬值为主的新阶段。在世界各国货币对美元汇率普遍大幅贬值的背景下，2015 年 8 月 11 日，人民币兑换美元的中间价贬值 1136 个基点或接近 2%。此后，离岸及在岸市场人民币对美元均出现迅速贬值。人民币由持续十年单边升值向贬值预期的尖锐转变，对股市的影响可谓立竿见影。中国股市几乎同步暴跌，各大股指迅速由牛转熊，从此一蹶不振。楼市与股市共同作为资本市场的柱石，人民币进入贬值预期阶段的新态势，对楼市又将意味着什么呢？

从总体看，人民币由单边升值阶段转入贬值预期阶段，可能是中国楼市由盛转衰的重要标志之一，它本身就是对中国楼市“黄金时代”

及随后“白银时代”提前结束的再确认，中国楼市可能由此进入光华黯淡的“青铜时代”。作出这个判断的主要考量，并不是因为随贬值预期而来的资本大幅流出的可能性，也不是因为与货币贬值相伴生的金融系统被攻击风险。人民币汇率之所以能作为现阶段中国楼市兴衰的晴雨表，主要是由于人民币贬值的压力来源与楼市息息相关。中国货币贬值压力的来源，从国际经济形势看，是由于全球经济衰退、生产能力过剩，各国间贸易竞争进入空前激烈阶段；从国内经济形势看，是由于经济增速持续下滑、经济竞争力有所下降；从长期趋势看，中国国民的经济活动已经不再满足于国内市场，全球消费与投资的欲望将不断增强，从而带来对外币需求的增加。经济快速增长和综合竞争力持续上升是支撑楼市“黄金时代”或“白银时代”的基本经济要素，而这些要素正在或已经发生转变。全球经济衰退、中国经济滑坡与国民经济活动空间向外转移的长期趋势，共同构成中国楼市进入“青铜时代”的基本面。

以上分析表明，从中长期趋势看，人民币贬值所揭示经济基本面变化已经不再支持房地产牛市。而在现实中，人民币汇率调整的可能途径至少有三种，不同的途径对楼市的短期推波助澜效应也是有所差别的。但无论哪种途径，楼市都难以做到毫发无损。

第一种途径是慢速贬值。由于慢速贬值必然是综合多种利益妥协的结果，所以这种可能性最大。在人民币慢速贬值过程中，存在巨大的投机套利空间。人民币及股票、住房等人民币资产可能被货币投机者疯狂抛售。在流动性投放加大的背景下，人民币拆借利率仍出现迅速升高，表明货币投机力量暗潮汹涌。该途径的结果是，在慢贬过程中货币被动紧缩，实际利率升高，楼价下挫。同时，货币贬值也会带来作为人民币资产的住房价格直接向下重估。

第二种途径是急速贬值以求一步到位，这种可能性次之。在一次性急速贬值的条件下，房地产价格将会得到一次性的直接向下重估。此后，如果货币硬着陆成功开始企稳回升，楼市将有望避免受到二次冲击；如果货币硬着陆不成功，中国崩溃论、人民币崩溃论等悲观论调借势兴起，汇率将可能出现超调，人民币及作为人民币资产的房地产被疯狂抛售，楼价可能全面崩溃。此外，还有一个需要考虑的不利因素是，前几年人民币升值期不少开发商在海外大量融资。人民币贬值使开发商外债偿债压力显著增大，部分企业面临资金链断裂的风险。

第三种可能性是力保汇率不贬值，这种可能性最小，因为力保汇率将可能面临出口产业全面衰退的巨大社会压力。从更大的视野看，中国参与全球化活动进入第二阶段，国民不满足于国内的消费活动，国际经济活动迅速活跃，这需要大量外币支持，贬值有其合理性与必然性。通过 2015 年 8 月以来的数波贬值，人民币贬值的意图已经昭显，货币做空投机暗流已经涌动。此时如果再力保汇率，实际上是在给做空投机者提供高价沽出人民币的便利机会，其结果必然事倍功半，且外汇损失惨重。此外，为了保住汇率，除了抛售外汇，还可能需要大幅加息相配合，结果是货币被动紧缩，经济增速进一步下滑，楼市将受到重大冲击。

当然，还有一个重要因素需要考虑，就是贬值从理论上看可以促进出口，促使经济回升，从而对楼市产生间接的正面影响，但这是以“我动他不动”为假定前提条件的。人民币贬值的导火索是周边国家的大幅率先贬值，而各国货币竞贬背后是全球商品过剩与贸易摩擦加剧。如果人民币放任贬值，会引发竞贬或升级版的其他形式贸易战，从而抵销其对出口的促进作用。总之，贬值促出口，对楼市利好的传导链过长且不确定性较大，短期正效应不明显，而货币动荡对楼市的冲击是直接而现实的。

货币贬值对不同城市楼市的影响也应是有差别的，二、三线城市可能首当其冲，一线城市受冲击最轻。二、三线城市是为四线及以下城市提供服务的。在网络化、高铁化及航空化时代，一线城市及国际城市的服务有效半径显著加大，这将造成二、三线城市功能丧失，其房价缺乏有效支撑。一线城市作为国际经济活动大进大出的舞台与通道，其功能正在强化。得益于通信技术和交通的改进，其对国内其他城市的服务广度和深度都在加大。

二、房地产市场与信贷市场：连续降息让房价飞一会

2015 年 5 月 10 日下午，中国人民银行再次宣布降息，金融机构一年期贷款基准利率下调 0. 25 个百分点至 5. 1%，一年期存款基准利率下调 0. 25 个百分点至 2. 25%。对于购房者而言，个人住房公积金 5 年以上贷款利率由调整前的 4% 降为 3. 75% 左右，5 年以上商业贷款基准利率由调整前的 5. 9% 下调为 5. 65%，创下历史新低，这是央行自 2014 年 11 月以来第三次宣布降息。随着降息周期的到来，关于楼市即将回暖的猜测正在发酵，部分开发商试探性地调高了销售定价，一些急于售房的二手房主也改为持房待涨，使得二手房的议价空间有所减少。降息究竟对房地产市场有何影响？未来楼市走势如何？

一般而言，房地产不仅是消费品，更是重要的大宗投资品。利率降低对它的正向刺激作用是显而易见的。理论上，房价可以表示为持有房地产未来预期收益的贴现。简单通俗地说，房价约等于房地产预期年租金除以年利率（贴现率）。在更低的利率水平下，同样的房租收益将等同于更大额银行存款所能带来的利息收益。也就是说，同样的预期租金

收益水平可以支持更高的当期房价，使得房地产价格得到一次向上的重新估值机会。降息不仅影响贴现率，还有可能改变人们对房价的预期。在房价向上重新估值的大环境下，有更多的人对房价看涨，会形成传染病效应，使人们对房价产生更大幅度的非理性的乐观情绪。加上开发商及部分媒体推波助澜式的涨价宣传，容易营造出十分有利于房价上涨的舆论氛围，这些都会对房价有正向的积极作用。此外，人们购房行为还受到其支付能力的约束。利率的降低直接使月供水平降低，这意味着将有更多有意购房的家庭能够负担得起按揭贷款购房的利息支出，从而使住房有效需求增加。事实上，从近三年看，利率的下降都对房价起了积极的支撑作用。2012 年的连续两次降息，部分促成了 2012 年下半年至 2013 年中国大城市房价的暴涨，本轮降息也已经对房价的跌势起了一定的逆转作用。在本轮降息周期开始的 2014 年 11 月，据国家统计局的数据，在 70 个大中城市中，价格环比下降的城市有 67 个，持平的城市有 3 个，没有城市房价环比上涨。经过 2014 年 11 月和 2015 年 3 月的连续降息，到 2015 年 4 月，在 70 个大中城市中，价格同比下降的城市减少为 48 个，上涨的城市增加到 18 个，持平的城市有 4 个。

当然以上仅是一种简单的分析，对利率下降作用的全面客观评估还需要综合考虑其所处的经济金融环境。考虑一般物价水平变动后，降息对房价的正向作用将大打折扣，情形将变得更为复杂。中央银行控制的只是名义利率，实际利率水平还要参照一般物价水平变动情况得出。存在名义利率下降但实际利息负担上升，以及名义利率上升但实际利息负担降低的情形。2002—2008 年上半年，中国处于持续的升息周期之中，5 年以上贷款利率（住房商业按揭贷款标准利率）由 2002 年 2 月 21 日的 5.76% 上调至 2007 年 12 月 21 日的 7.73%。但同期的房价反而却如脱缰的野马般狂飙，令人追赶不及望价兴叹。这其中有个很重要的原因就是在2002—2008年，受国际大宗商品价格暴涨等的影响，中国通胀水平处于持续的高位。利率水平虽然不断调高，但如果考虑到同期物价上涨速度，实际利率仍是个负值。高通胀环境下存款与债务都在不断缩水，这意味着存款储蓄的人实际上是在补贴贷款购房人，贷款买房能获得双重收益，于是形成“有钱就买房、买房就有钱”的房地产热。日本在20世纪90年代初经济泡沫破灭后，名义利率降至极低水平，但也出现房价仍不断下跌的情况。因为降息有一定自然下限，降到一定程度将无法再降，更不可能将名义利率降至负值。如果名义利率降至自然下限后经济不景气、物价水平仍持续下跌，实际利率仍将被动上升。日本泡沫经济破灭后“失去的十年”就是因为面临这一情形。当前中国物价水平相对稳定，甚至还有人认为存在潜在的通缩风险。根据国家统计局数据，2015年4月，全国居民消费价格总水平同比上涨率仅1.5%。综合物价水平考虑，实际利率的降低并不显著，远不及2002年以来房地产黄金十年中出现的实际负利率的情形。在极端情形下，如果未来物价水平出现持续下跌，由于政策的滞后性，降息周期利率的调降赶不上物价的下滑，降息将实际上变成了升息。

还有一个需要考虑的更重要的因素是，在金融市场化改革持续深入的今天，人们的投资理财渠道不断拓宽，互联网金融正在兴起。虽然银行存贷款利率降低，但投资购房的机会成本仍然很高。

从经济大环境看，降息本身只是经济及楼市持续不景气的结果，是对楼市及宏观经济不景气这一不利宏观形势的事后确认。正是经济增速的下滑使得高房价失去支撑，房地产市场也随之出现了销售低迷。当然，也有人认为是房地产市场的不景气拖累了经济增长。但不管怎么说，当前持续降息明确了楼市及宏观经济不景气的事实。与房价上涨周期中宽松货币政策的火上浇油作用相比，当前降息的涨价效应自不可同日而语。

从房地产市场本身看，结构性过剩问题也不容忽视。经过十余年的飞速发展，中国房地产总体供不应求的时代已经过去，房地产市场进入“结构性过剩与结构性短缺并存”这一新的发展阶段。城镇化与工业化作为过去十年住房市场发展的超级引擎，目前都处于减速状态。经济增长进入所谓的“新常态”，城市经济结构正面临着巨大的转型升级压力。由于收入增长决定人口流向，经济减速也意味着城市对人口的吸引力正在减弱。在需求总量退热的同时，中国城镇住房却已经累积了巨额的存量，并且仍在按以往的惯性高速增长。特别是一些三、四线城市，商品住房积压现象已经很严重。2014 年，尽管政府对住房需求管控政策已经趋于宽松，但住房市场仍然在主动下调，这表明，住房市场形势正由总量供不应求进入结构性过剩阶段，由快速城镇化与国民收入高增长所带来的住房总量短缺已经趋于尾声。虽然从量的方面看，中国城镇商品住房已经出现结构性过剩。但从质的方面看，优质住房仍然具有一定的稀缺性，很大一部分家庭居住条件仍然较差，狭小公寓、老旧公寓或不成套住宅占存量住房的比重很大，或没有优质的教育医疗资源作为配套。随着收入的增长和对生活品质要求的进一步提升，人们对优质住房的需求还将稳步增长。在这“结构性过剩与结构性短缺并存”的条件下，房价的普遍上涨并不可能，但是在宽松金融政策的刺激下，部分城市的部分板块房价率先快速上涨是很有可能发生的。

总而言之，房地产市场发展到今天，购房者未必能非常在意这 0. 25 个百分点的利息减免，降息对房价的影响更多的是体现在改变房价心理预期层面。在开发商借机宣传涨价的舆论推动下，持续降息的刺激也许可以再次驱动一批购房者入市，让部分热点区域的房价飞一会。但如果没有收入的持续快速增长为支撑，房价将面临再次掉下来的风险。降息能加大房价的短期波动，但不会改变房价的长期走势。此外，如果国际石油或农产品价格上涨推动物价普遍上涨，通胀预期一旦形成，降息周期也可能被迫中止。

三、房贷“一骑绝尘”的背后与楼市风险点

据中国人民银行2016年8月12日发布的数据，2016年7月全国人民币贷款增加4636亿元，其中住户部门中长期贷款增加4773亿元。而这个所谓的“住户部门中长期贷款”，其实主要就是居民家庭的住房按揭贷款。这个数据意味着，2016年7月全国人民币新增贷款几乎全部都被投入楼市。此数据一出，业内一片哗然，各界对房地产的敏感神经再次被牵动。这在改革开放以来中国的经济发展史上，也必将是个标志性事件。自2008年1月公布该数据以来，住户部门新增中长期贷款占当月人民币新增贷款之比的平均值仅为24.6%。除2016年7月外，该比值最高的为2016年4月的77%。而在2015年末，该比值也仅为48.9%。银行新增贷款接近100%被用于购房，对楼市和整个宏观经济到底意味着什么？这是说明，实体经济的新鲜血液已经被房地产“毒瘤”所吸干？还是表明，在百业低迷的背景下，作为支柱产业的房地产业正在单骑救主？高按揭贷款占比，是否标志着房地产市场已经进入高危期，拐点将至？如果这个数据揭示了某种风险，那么风险的中心点在哪？对这些重要问题作出科学预判，对未来数年的投资操作与政策制定有关键性的意义。

首先，低迷的实体经济部门信贷数据与迅猛增长的房贷数据，二者之间是否存在某种因果关系？

可以肯定的是，当前房贷激增或2016年以来的局部房地产过热，

并不能起到国民经济中流砥柱的作用。如果房地产真能救经济的话，当前就不会出现经济低迷、实体经济部门信贷负增长的局面了。在特定历史条件下，大规模的房地产开发，确实能吸纳大量就业和带来巨额固定资产投资，并带动钢铁、建材、能源、装饰家电等关联行业的扩张，使GDP数字快速增长，但房子并不能无限制地盖下去，开发没有人住的房子是对经济资源的极大浪费。随着房地产大开发时代的逝去，当前房地产热已经主要表现为房价高涨、住房贷款激增和二手房交易火爆，而不再表现为房地产开发投资的高增长，这更多的是一种财富再分配活动，而非生产性活动，这种趋势也可以从近十余年来的房地产开发投资数据中看出。2012年2月至2013年12月，中国房地产开发投资月均同比增长26.6%，房地产黄金十年可谓名副其实。但2014年以来，房地产开发投资增长率下滑显著，至2015年12月降至1%。2016年7月虽有所回升，但也仅增长5.3%。可以说，房地产大开发时代已经一去不复返了，房地产业无法再充当单骑救主的角色。

既然实体经济已经无法再靠房地产热来有效拉动，那么反过来，当前实体经济的低迷，是否正是因为房地产热对国民经济其他部门的虹吸效应所致？换句话说，经济房地产化直接导致了产业空心化？严格来说，房地产热对经济增长的负面效应确实存在，但这种负面效应究竟有多大目前还无法定论。关于经济房地产化导致产业空心化论点，其主要论据有二：一是认为高房价提高了工资及其他生产成本，导致产品竞争力下降进而经济下滑；二是认为炒房易暴富而办实业辛苦利薄，导致人们无心于勤劳致富，从而使得百业凋敝、地产一枝独秀。从前者看，高房价主要是体现在大城市及城市中心区，中小城市及城市远郊房价并不算高，租金就相对更低了。根据一般经济理论，最终进入产品价格的只是所雇佣的最后一个工人的住房租金，而这最后一个工人，既不可能住在大城市，也不可能住在中小城市中心区，所以认为高房价导致产品竞争力下降之说并不符合经济学常识。从后者看，二者的因果关系也可能颠倒了。与其说房地产一夜暴富导致人们弃实业而炒房，不如说实业利薄导致资金流入楼市推高房价泡沫更具可信度。高房价，只能是收入增长或者说实业发展到一定高度的结果。没有实业收入支撑，高房价就成了泡沫，并不会有支撑点，这是大家都明白的道理。如果说房地产热对经济增长有负面影响，更主要地体现在脱离真实需求的住房开发，将浪费大量的经济资源，从而降低整体经济效率。而这些销售不畅或无法售出的库存，构成银行坏账，破坏金融体系的稳定。

其次，实体经济部门信贷数据低迷的同时房贷数据迅猛增长，是否意味着房地产泡沫膨胀已接近极致，房地产周期拐点将至？从直观的角度看，经济不景气，信贷扩张就成了房价上涨的唯一支撑，房地产泡沫风险可谓巨大。然而我们另一个需要直面的现实是，在房地产业从快速扩张阶段向成熟阶段迈进时，购房者总体金融杠杆都会自然升高，这几乎是一个经济规律。也就是说在现阶段，房贷增速加快有其历史必然性，并不一定意味着泡沫加大。单看这一点，也不能说明政府在刻意放水加杠杆。以日本为例，日本房贷余额/GDP 在 1985 年以前稳定在 20% 左右，在房地产泡沫高峰期的 1990 年上升至 25% 左右，在 1991 年房地产泡沫破灭后该比值仍在继续上升，2000 年达到 36.7% 的最高值。可见，房地产金融杠杆变动与房地产泡沫并非直接相关，而与房地产业所处的发展阶段息息相关。在可以预见的将来，即便中国房地产泡沫破灭，房地产业金融杠杆仍可能继续加大。所以，我们无法单纯通过扩张的房贷数据与萎缩的实体经济部门贷款数据，就判定房地产泡沫即将破灭。比较而言，相对于购房者收入的高低，房价水平更有助于我们判断房地产泡沫的真实水平。

最后，我国房地产市场真正的风险中心点在哪？虽然房贷的相对迅猛增长并不能准确揭示地产泡沫与风险，但该数据能够牵动如此多人敏感的神经，说明房地产市场的高风险已成共识。具体来说，当前我国房地产市场并不存在系统性风险，其风险点主要在以下三个方面：一是对于一线及热点二线城市来说，近年来房价涨幅惊人，这已经很难用真实需求的爆发来解释，只能说明房地产的泡沫化加剧。房地产买卖成了看多与看空双方的对赌，其结果具有很大的不确定性，暴涨暴跌都随时有可能发生。二是对于广大的三、四线及以下城市来说，房地产市场基本风险不在于跌价，而在于库存的高企。对于这些城市每平方米4000～5000元的均价，已经逼近于开发成本甚至建筑成本，房价下跌的可能性及空间都不大。但这些卖不出去的库存，将会在地方政府的债务上体现出来，通过利滚利的方式不断放大，形成地方债风险。三是对于近年被恶炒的学区房来说，存在政策改变引发房价暴跌的风险。学区房被恶炒，源于教育部2014年公布的《关于进一步做好重点大城市义务教育免试就近入学工作的通知》，该通知要求到2015年，19个大城市所有县（市、区）实行划片就近入学政策，100%的小学划片就近入学，90%以上的初中实现划片入学，每所划片入学的初中90%以上生源由就近入学方式确定。接近一步到位的严格就近划片入学政策改革，引发了学区房的爆炒。但在这个过程中，无论是国家还是学校都未挣得分毫，只有学区内的“老破小”房主一夜暴富。如果政府进一步改进或调整入学政策，学区房的格局就要重新改写与洗牌。

总之，房贷的相对快速增长，是经济社会发展到现阶段的一种自然现象，并不能说明房地产泡沫的真实水平，没有必要仅为此而过度解读。但从当前房价及库存水平看，我国房地产市场风险仍然很大：前期上涨过快的一线城市及热点二线城市都存在房价继续暴涨或暴跌的风险；三、四线城市虽然房价不存在暴涨或暴跌风险，但是高库存有可能引发地方政府债务风险；此外，前期被爆炒的学区房也存在较高的政策风险。

此外，虽然房贷快速增长并不意味着泡沫，但实体经济部门的信贷负增长，可能意味着未来经济增速将进一步下滑，这更需要加以高度重视。

四、股市大跌背景下的中国楼市展望与对策

2015 年 6 月以来，中国股市出现剧烈动荡，上证指数从 6 月 12 日盘中最高的 5178.19 点跌到 8 月 24 日收盘的 3209.91 点，短短 73 天大盘就跌去了 38%。与此同时，中国宏观经济增速趋缓，人民币短期贬值预期加大，国际大宗商品价格重挫，世界金融形势不容乐观。作为广义金融市场的重要组成部分，楼市走势无疑与其所处的金融环境及宏观经济形势变化息息相关。在中国股市巨幅波动的背景下，楼市将何去何从，如何规避二者的共振风险？

（一）股市巨幅波动下的中国楼市现状

房价总体涨速趋缓，环比下跌城市增多。股市的大幅下跌及宏观经济增速的降低，对住房市场景气回升构成显著拖累。部分城市房价走势出现震荡与反复。2015 年 7 月，中国大中城市房价走势总体延续了自 2015 年 5 月以来的房价回升态势，但涨速有所下降，部分城市由涨转跌。在 100 个大中城市中，环比上涨的城市为 46 个，比上月减少 7 个；环比下降的城市为 53 个，比上月增加 7 个；环比持平城市仍为 1 个。

城市住房市场分化加剧，一线城市房价涨速加快，二线城市房价涨

速略有下降，三线城市房价降幅有所扩大。在资本市场剧烈波动、宏观不确定性增大的冲击下，不同类型城市由于库存水平和潜在需求差异较大，市场反应不一。2015 年 7 月，在 100 个大中城市中，一线城市房价指数环比上涨 3. 55%，同比上涨 7. 79%；二线城市房价指数环比上涨 0. 09%，同比下降 3. 27%；三线城市房价指数环比下降 0. 14%，同比下降 5. 15%。

向上趋势暂未变化，住房销量继续回升。2015 年 7 月，中国商品住房销售量增速继续回升。2015 年 6 月，中国商品住房累计销售面积为 44389 万平方米，同比增长 4. 5%。商品住房累计销售额为 28941 亿元，同比增长 12. 9%。到 2015 年 7 月，中国商品住房累计销售面积为 53009. 44 万平方米，同比增长 6. 9%，增速比上月提高 2. 4 个百分点。商品住房累计销售额为 34884. 45 亿元，同比增长 16. 8%，增速比上月提高 3. 9 个百分点。

随着销量回升，库存增速持续下降，但绝对量仍略有增长。2015 年 6 月底，中国新建商品住房待售面积增加至 42834 万平方米，同比增长 19. 3%。到 2015 年 7 月底，中国新建商品住房待售面积 43055 万平方米，同比增长 18. 1%，待售面积绝对量比 6 月底增加 221 万平方米，待售面积增速比 6 月底下降 1. 2 个百分点。

住房开发投资增速低位企稳，进入缓慢回升通道。由于住房开发企业需要根据库存消耗状况来决定投资规模，所以开发投资增速的回升一般要滞后于销售量回升半年到一年。2015 年 6 月，中国商品住宅开发投资累计额为 29506 亿元，同比增长 2. 8%。到 2015 年 7 月，中国商品住宅开发投资累计额为 35380. 18 亿元，同比增长 3%，增速比 6 月上升 0. 2 个百分点。结合销售增速变动状况，可以判断住房开发投资增速正进入缓慢回升通道。

总体而言，从2015年7月的数据来看，在资本市场剧烈动荡、国民经济增长降速及宏观经济走势不确定性增加的大背景下，住房市场回暖进程出现震荡与反复，部分城市由涨转跌。一线城市供求矛盾突出，房价仍加速上涨；二线城市供求大体平衡，房价止跌反弹，但房价涨速较上月已经略有下降；三、四线及以下城市住房库存水平较高，住房短期供大于求，房价稳中有降。开发投资增速低位企稳，开始进入回升通道。

（二）楼市未来走势展望

从短期看，中国楼市目前正处于短周期的复苏阶段，住房库存正被不断消耗，房价上行可期。但在近期金融市场剧烈动荡的冲击下，预计短期内住房市场复苏进程将出现波折与反复，房价维持震荡的态势。具体而言，如果资本市场形势不再进一步恶化，一线城市房价继续上涨，但涨速可能有所下降；二线城市继续分化，房价稳中有升或稳中有降；三、四线及以下城市房价继续调整。

如果资本市场形势出现进一步恶化，从而引发投资者对系统性金融风险的担忧，这将会严重挫伤投资者对中国楼市的信心，楼市复苏进程将被强行打断，包括一线城市在内的中国楼市可能全面下跌。

从长期看，中国楼市走势取决于长期经济增长及城市化进程，与股市走势相比具有一定的独立性。楼市“白银时代”并未结束，未来仍存在一定的向上空间。只是相较于以前的“黄金时代”，增长趋势将有所放缓。

（三）对策建议

楼市的良性运行离不开金融支持。尽管中国楼市有一定的真实需求作为支撑，与股市的走势多数时间并不同步，但如果股市巨幅波动影响到整个金融体系的流动性乃至金融安全，则必将对楼市形成巨大的短期冲击。

首先，应进一步稳定住房需求。一线城市如果房价出现快速上涨，应果断出台抑制投机的政策，以避免随之而来的大跌；二线城市如果房价出现下跌，则可适时适度放开住房限购；三、四线及以下城市应着力完善新城区的教育与医疗等基础设施，提高住房入住率，降低商品住房库存，减少“鬼城”与空城的形成。

其次，应守住股市波动安全底线，稳妥应对去杠杆过程，避免股市暴跌波及金融安全，殃及楼市。

最后，应稳定人民币的币值预期，避免大幅贬值预期的形成，防范资本短期快速流出引发股市与楼市的全面下跌。

第五章　中国房地产市场机制与结构

一、降低期房预付房款比例与保护消费者合法权益

期房预售制度巧妙地将购房者自有资金和购房贷款提前支付用于房地产开发建设，对于缓解房地产业开发资金紧张、促进房地产业快速发展起到了积极作用。但过犹不及，在购房者需要预付期房全额购房款的制度下，购房者将单方面承担虚假宣传与不实承诺风险、质量低劣风险、住房跌价风险、延期交付及烂尾风险等四大风险。纵观所有的期货类商品，尚未生产即需要预付全部货款的交易方式极为罕见，这严重损害了消费者的权益，导致了众多的购房纠纷与维权活动。通过降低期房预付款比例，能够实现买卖双方权利与义务的对等，从而保护消费者合法权益，同时也是完善住房市场机制，建立住房市场长效机制的重要方面。

（一）全额预付条件下，消费者要单方面承担的期房四大风险

一是虚假宣传与不实承诺风险。在多数条件下，期房尚未挖坑即可开卖。以北京市预售规定为例，普通商品房的预售条件仅设立在文件层面，如已交付全部土地使用权出让金、取得国有土地使用权证、建设工

程规划许可证和施工许可证，同时预售商品房投入的开发建设资金达到总投资的25%以上等，但对实际建筑工程完成进度却未作任何要求。消费者购买期房时，所能查验的仅是开发商提供的宣传图册、沙盘和所谓的样板间。尽管住房销售员常将楼盘前景描绘得非常诱人，但事先的承诺与宣传往往与实际交付的住房大相径庭。由于购房者已经预付了全部房款，维权变得十分困难，多数情况下只能自认倒霉。在现实中，以下虚假宣传与承诺在期房销售中极为常见，非专业人士很难识破其中猫腻，包括：虚构学校、医院、地铁、道路交通等配套设施；绿化或园林面积缩水，承诺的绿地被盖成高楼，承诺的名贵树种被换成普通苗木；开发密度和容积率被提高，采光受到严重影响；车位配比下降，迫使业主高价租购车位；规划设计随意变更，人车分流变成人车合流，老人小孩安全系数降低；虚假承诺赠送面积，或将公有的花园、天台“赠送”给业主等。如果降低期房预付款比例，将对开发商的虚假宣传形成一定硬约束，淘汰不诚信企业，有利于提高开发商的诚信经营水平。

二是质量低劣风险。由于购房者在住房尚未开建时已经预付了全部房款，住房实际建筑质量只能更多地依赖于开发商的“良心”。由于专业优势的存在，现实中多数期房购买合同还规定，住房交付时，购房者发现质量问题不能拒绝收房，只能先收房后再要求维修。在这种制度条件下，住房建筑质量低劣现象泛滥，各种质量纠纷层出不穷。监管部门人力有限无法帮助购房者维权，且本身容易与开发商形成利益共同体。各楼盘普遍存在的建筑质量问题包括：精装修房漏水，使得多数人情愿买毛坯房自己请人装修；楼板或墙体裂缝、倾斜超标；使用劣质、易燃的保温材料；屋顶、外墙面下雨渗漏；在验收、测绘环节做手脚，实际面积或楼层层高缩水。在一定程度上存在的问题还有：使用临时水电，不开通市政水电以转嫁成本；使用劣质电梯，增加危险系数；水泥标号降低、钢材型号减配；违反规划与土地出让合同，或者拖欠建筑款项，致使产权证无法按期办理等。

三是住房跌价风险。购房者预付全部房款后，到交付之前有两年左右时间。其间房价贬值风险都由购房者承担，开发商可将风险提前完全转嫁。2014 年 2 月 19 日晚，杭州某楼盘将均价直接从每平方米 17200 元降到了每平方米 13800 元。有业主于当天上午购房，几小时内损失了数十万元。为此，2 月 21 日下午该楼盘老业主齐聚售楼处进行了一系列维权行动，并出现了争执，售楼部被怒砸、沙盘被推倒。类似的情形，每次楼市降价时都将上演。虽然市场无情，有愿赌服输之说，但住房作为生活必需品且作为享受教育等公共服务的必要条件，很多购房者是以满足自住需求为主要目的，并非主动自愿参与楼市“资本赌局”。让被迫或被诱使加入房地产“赌局”的普通居民，以举家积蓄来为“赌局”散场买单，这显然有失公平。而作为“赌局”设立者的开发商，用购房者资金“空手套白狼”，却不承担最终风险。降低期房付款比例，有利于促使开发商合理定价，从而降低房价泡沫。

四是延期交付及烂尾风险。购房者购买期房往往需要投入举家三代的积蓄外加银行贷款。如果开发商破产、经营困难或将资金挪作他用，导致期房烂尾无法交付，购房者的巨额投入将打水漂。由于开发商善用市场优势，很多购房合同对开发商能否按期交房并无约束，延期交房的约定赔偿金还不及银行存款利率，这意味着开发商如不按期交房，购房者实际上在给开发商提供低息贷款。期房受全额付款和低按期交付约束，刺激了开发商对预售款的挪用动机。通过预留部分购房款到交房时支付，不仅可以加大购房者按期收房的概率，还可以促使开发企业量力经营，不过度利用资金杠杆圈地炒作。

（二）降低期房预付房款比例的具体措施

当前推进的预售资金监管制度，在执行严格的条件下，可以避免资金被挪用，降低延期交付及烂尾风险，但对其他三大风险无任何作用。此外，全额付款条件下，预售资金监管会大大降低资金利用效率，增加住房开发成本。在继续推进预售资金监管制度的基础上，将购房者全额预付房款变为根据开发进度支付相应比例的款项，可以有效提高资金利用效率，降低购房者风险。

一是严把准入关。符合当地预售条件，但住房主体建筑工程未完成一半时，购房者所支付的全部款项不应超过总房款的 30%。同时设立期房预售黑名单，对于存在未按期交房、烂尾现象的开发企业，以及在一个开发周期内因质量问题、虚假宣传被购房者投诉累计超过一定件数的，5 年内停止预售。考虑到开发企业多设立临时的项目公司以规避监管，黑名单应按其实际控制人设立。

二是付款比例应与工程进度相适应。住房主体建筑工程完成一半时，购房者所预付的全部购房款项（包括购房者申请到账的按揭贷款），不应超过总房款的 60%。

三是住房交付之前不得支付全部房款。住房主体建筑工程封顶时，购房者的最高预付额不应超过总房款的 80%，剩余的 20% 房款在住房交付后一周内支付。

二、小产权房何去何从

小产权房①问题在我国由来已久。近年来由于城市房价的居高不下，小产权房问题才变得格外引人注目。2007 年 12 月 30 日，国务院办公厅下发了《关于严格执行有关农村集体建设用地法律和政策的通知》，强调农村集体土地的使用范围不得擅自扩大，“农村住宅用地只能分配给本村村民，城镇居民不得到农村购买宅基地、农民住宅或‘小产权房’”，“单位和个人不得非法租用、占用农民集体所有土地搞房地产开发”，实际上全面叫停了小产权房的建设。虽然小产权房开发已被暂停，但对此前已经存在的小产权房如何处置，目前还没有相应的办法规定出台。关于小产权房最终出路的争议，也一直没有停止。

（一）关于小产权房的三种主张、两条路径与三个利益主体之争

1. 关于小产权房出路的三种主张

目前关于小产权房出路的主张，代表性的主要有以下三种：

（1）小产权房应当禁止存在。认为小产权房应禁止存在的主要理由有：允许小产权房的存在将产生新一轮的土地兼并潮，大批农民在出售集体土地使用权后进入城市，一旦经济出现不景气，将产生一批失地“流民”，为社会稳定埋下隐患；小产权房具有非集约式开发的特征，将浪费宝贵的土地资源；小产权房的合法化有可能使耕地面积锐减，不利于耕地保护；由于村集体产权制度不完善，乡村干部对集体土地的处

① “小产权房”只是一个通俗的称谓，而不是一个严格的法律或学术概念。根据分析目的，此处的小产权房，仅指在耕地以外的农村集体用地上建设的、拟出售或已出售给非本村居民的住房。

置权过大，小产权的合法化将使部分乡村干部财富迅速累积，而大多数村民并不能得到好处，造成农村两极分化和干群矛盾加剧；小产权房合法化使得城市化收益大部分为农民及村集体所获取，造成城市房价下跌，土地财政崩溃，城市基础设施投资能力下降，城市化进程受阻；小产权房合法化将使少部分城郊农民暴富，形成新的土地食利集团，促进农民的两极分化；小产权房将使城市规划失效；小产权房违法等。

（2）小产权房应规范化和合法化。即在城乡统一规划的基础上，给予农村集体土地完整的产权。认为小产权房应规范化和合法化的主要理由有：小产权房合法化可以平抑城市高房价，解决部分低收入群体住房问题；小产权房合法化可以降低人口迁移成本和促进城乡人口的双向流动，避免农村人口进城后产生的“城里房子买不起，乡下房子卖不掉”的现象；小产权房合法化可以保护农民利益，使农民能够更多地分享城市化带来的外溢收益；小产权房合法化可以抑制地方政府卖地冲动，避免城市无限制扩张，促进城乡均衡发展；小产权房合法化有利于城乡统一土地市场的形成，促进城乡土地资源的有效配置；小产权房存在有其合理性，真正禁止不可能做到等。

（3）城乡土地市场并轨，集体土地全部国有化，宅基地实行有偿流动。认为集体土地应全部国有化的主要理由有：集体土地的实际处置权被乡村干部所掌握，使“以租代征”等现象久禁不止，滋生了腐败，造成干群关系紧张；集体土地国有化有利于土地资源的集约化利用与耕地保护；集体土地国有化有利于土地利用的城乡统筹规划，避免快速城市化过程中的诸多弊病等。

2. 小产权房不同主张背后的两条路径之争

上述小产权房的三种主张背后，实质上是政府主导的集约式城市化路径与民间力量推动的松散式城镇化路径之争。

主张全面禁止小产权房实质上走的是政府主导的集约式城市化路径。该路径的基本特征是，政府通过征用方式，将集体土地逐步收归国有，经一级开发后再加价出让给开发商作商业化开发，政府从土地出让收益及相关房地产税费收入中拿出一部分用于基础设施建设，实现滚动式发展。

主张小产权房应规范化、合法化实质上走的是民间力量推动的松散式城镇化路径。该路径的基本特征是，土地开发和基础设施投资都由民间资本主导，产生的收益也大都为民间资本所获取。而政府由于失去了土地出让收益，可能没有财力和动力对基础设施作集中的投资。

至于城乡土地市场并轨、集体土地全部国有化的主张，虽然从其主张的出发点看可能介于松散式城镇化路径与集约式城市化路径之间，但其实际经济后果还不明确。集体土地全部国有化后，政府到底是将对全部土地作更为科学的城乡统筹利用，还是将进一步加大城市摊大饼式扩张力度，尚难事先下结论。

3. 小产权房相关的三个利益群体

与小产权房关联最大的三个利益群体是：地方政府、村集体与村民个人。在不同的主张下，利益分配各有千秋。从另一个侧面看，关于小产权房不同主张的争议实际上也是城市化收益如何在不同主体间分配的争议。一般来说，主张禁止小产权房，地方政府总体受益较多，村集体、村民个人总体受益较小或利益受损；主张小产权房合法化，村民个人及村集体总体受益最大，地方政府总体受益较小或利益受损；主张城乡土地市场并轨、集体土地全部国有化，地方政府总体受益最多，村民个人次之，村集体受益最小。

（二）小产权房在不同主张下的利益归属与可能后果的分类辨析

小产权房问题争执不下还有一个重要原因是，小产权房本身具有异质性，城乡接合部、城中村的小产权房与偏远农村农民住房存在天壤之别，笼统地讨论小产权房并不具备共同的基础，达不成共识也是理所当然的。由于小产权房的核心问题是利益大小及其分配方法，此处根据小产权房土地级差收益的不同将“城中村、城市近郊及城乡接合部的小产权房”与“远离城市的小产权房”分开讨论，同时根据利益归属不同将“村民个人宅基地上建设的小产权房”与“集体公共土地上建设的小产权房”分开讨论，两两组合，共将小产权房分为以下四类，分别探讨这四类小产权房在三种不同主张下的利益归属及可能后果[①]。

1. 城中村、城市近郊及城乡接合部村民个人宅基地上建设的小产权房（第一类小产权房）

（1）如果将该类小产权房合法化，作为宅基地使用权所有者的村民可能成为该主张的最大受益者，但其经济后果尚不明确。

（2）如果禁止该类小产权房存在，地方政府可能成为该主张的最大受益者。可能的后果是土地被集约开发、拆迁纠纷增加，城市不断扩张，城乡差距扩大，城市房价居高不下。

（3）如果将城中村、城市近郊及城乡接合部村民个人宅基地土地国有化，村民及地方政府可能成为该主张的最大受益者，但其经济后果尚不明确。

2. 城中村、城市近郊及城乡接合部村民集体公共土地上建设的小产权房（第二类小产权房）

（1）如果将该类小产权房合法化，村集体或少数乡村干部可能成为该主张的最大受益者。可能的后果是土地被非集约开发，城市扩张受限，城乡差距缩小。

---

① 为简化分析，此处假定其他条件不变。如在分析第一类小产权房合法化的后果时，假定其他三类小产权房仍维持现有的处置方式不变。

（2）如果禁止该类小产权房存在，地方政府可能成为该主张的最大受益者。可能的后果是土地被集约开发，村民上访事件增多干群关系紧张，城市不断扩张，城乡差距扩大，城市房价居高不下。

（3）如果将城中村、城市近郊及城乡接合部集体公共土地国有化，地方政府可能成为该主张的最大受益者。可能的后果是土地被集约开发，村民上访事件增多干群关系紧张，城市不断扩张，城乡差距扩大，城市房价居高不下。

3. **远离城市的村民个人宅基地上建设的小产权房（第三类小产权房）**

（1）如果将该类小产权房合法化，作为宅基地使用权所有者的村民可能成为该主张的最大受益者。可能的后果是城乡人口双向流动增加，农村投资增加，城乡差距缩小。

（2）如果禁止该类小产权房存在，其直接受益者尚不明确。可能的后果是人口由农村向城市单向流动，农村住宅闲置严重，城乡差距拉大。

（3）如果将远离城市的村民个人宅基地国有化，村民及地方政府可能成为该主张的最大受益者。可能的后果是城乡人口双向流动增加，农村投资增加，城乡差距缩小。

4. **远离城市的集体公共土地上建设的小产权房（第四类小产权房）**

（1）如果将该类小产权房合法化，村集体或少数乡村干部可能成为该主张的最大受益者。可能的后果是城乡人口双向流动增加，农村投资增加，城乡差距缩小。

（2）如果禁止该类小产权房存在，其直接受益者尚不明确。可能的后果是农村投资不足，人口由农村向城市单向流动，城乡差距拉大。

（3）如果将远离城市的集体公共土地国有化，地方政府可能成为该主张的最大受益者。可能的后果是城乡人口双向流动增加，农村投资增加，城乡差距缩小。

四类小产权房在三种不同主张下的利益归属及可能后果如表5－1所示。需要注意的是，以上仅是在假定其他类型小产权房处置路径不变条件下的结果。如果各类小产权房处置路径存在互动关系，其格局会出现更复杂的变化。

表5－1　不同类型小产权房在三种不同主张下的收益归属及利弊

小产权房		主张					
		主张1：合法化		主张2：禁止存在		主张3：国有化	
区位	土地来源	主要利益归属	可能后果	主要利益归属	可能后果	主要利益归属	可能后果
城中村、城市近郊及城乡接合部	村民个人宅基地	村民	不明确	地方政府	土地被集约开发、拆迁纠纷增加，城市不断扩张，城乡差距扩大，城市房价居高不下	村民及地方政府	不明确
	集体公共土地	村集体或少数乡村干部	土地被非集约开发，城市扩张受限，城乡差距缩小	地方政府	土地被集约开发，村民上访事件增多干群关系紧张，城市不断扩张，城乡差距扩大，城市房价居高不下	地方政府	土地被集约开发，村民上访事件增多干群关系紧张，城市不断扩张，城乡差距扩大，城市房价居高不下

（续表）

小产权房		主张					
		主张1：合法化		主张2：禁止存在		主张3：国有化	
区位	土地来源	主要利益归属	可能后果	主要利益归属	可能后果	主要利益归属	可能后果
远离城市	村民个人宅基地	村民	城乡人口双向流动增加，农村投资增加，城乡差距缩小	不明确	人口由农村向城市单向流动，农村住宅闲置严重，城乡差距拉大	村民及地方政府	城乡人口双向流动增加，农村投资增加，城乡差距缩小
	集体公共土地	村集体或少数乡村干部	城乡人口双向流动增加，农村投资增加，城乡差距缩小	不明确	农村投资不足，人口由农村向城市单向流动，城乡差距拉大	地方政府	城乡人口双向流动增加，农村投资增加，城乡差距缩小

（三）可能的出路：因地制宜、因势利导，让两种路径充分竞争、互相制约

如前所述，小产权房之争背后实际上是两条城市化路径及城市化收益如何在三个利益主体之间分配之争，城市化路径与城市化收益分配方案确定了，小产权房的出路也就基本明确了。

1. 路径确定与利益分配的原则：因地制宜确定城市化路径，因势利导确定城市化收益分配方案

从两条路径之争看，政府主导的集约式城市化与民间力量推动的松散式城镇化这两条城市化路径各有利弊，很难简单地决定谁优谁劣，这从表5－1也可以明显看出。考虑到我国国情的复杂多样性，单纯依靠任何一条路径除了可能引发利益受损群体的激烈抗争外，还将蕴含着巨

大的风险。一个比“一刀切”更可取的办法是，允许不同区域因地制宜地确定城市化路径，实现两条路径的充分竞争、相互制约，以尽可能地分散单一路径的系统性风险。

从城市化收益的分配方案之争看，可以采取因势利导、谁主导谁受益的办法。谁积极性最高、资源动员能力最强，谁就应成为城市化主要受益人。这样可以充分调动各方资源，激发各方的发展积极性。

2．将全部区域划分为城乡统筹规划区和非统筹规划区两大类，分别走不同的城市化道路

在城中村、城市近郊及城乡接合部等城市直接外延已经到达或将能到达的区域，可以充分利用公共基础设施投资的规模效应，借助城市外延扩张的力量，走集约式的城市化道路可能更为便利。在远离城市、城市直接外延不能到达的区域，无法享受大城市所提供的公共基础设施，走松散式的城镇化道路可能更为可行。村集体与村民作为该自发力量的主导者，也应成为主要受益者。为实施方便，可以将全部区域划分为城乡统筹规划区和非统筹规划区两大类。通过科学规划测算，将城中村、城市近郊及城乡接合部等城市直接外延已经到达或将能到达的区域划入城乡统筹规划区，将远离城市、城市直接外延不能到达的区域划入非统筹规划区，分别走不同的城市化道路，采取不同的城市化收益分配方案。

（1）将城乡统筹规划区内土地逐步国有化。在城乡统筹规划区内，走集约式的城市化道路，维持当前的小产权房政策不变，政府通过征收的方式将集体土地逐步国有化，同时进行公共基础设施的集中投资建设，实现集约式的土地开发。

（2）将非统筹规划区小产权房分步合法化。在非统筹规划区内，走松散式的城镇化道路，分步将小产权房规范化、合法化，激发乡村经济内在活力。第一步，在科学规划的基础上，将区域内村民个人宅基地上建设的小产权房合法化，允许上市交易；第二步，在科学规划和完善集体所有权制度的基础上，将集体公共土地上建设的小产权房合法化。

3. 通过两种路径的竞争与制约，最终实现城乡住房市场并轨

两种城市化路径相互竞争、相互制约。广大乡村松散的城镇化将缓解人口向大城市流入的压力，抑制大城市房价的过快上涨，使大城市的扩张形成合理边界；集约发展的大城市将利用效率优势与乡村发展争夺资金资源，从而避免乡村被过度开发。最终，两个土地市场在边界上的价差消失，城乡住房市场实现并轨。

三、学区房投机、租购房同权与房产税

儿童入学资格（学籍）与是否购房变相挂钩，是造成近来一线城市房价大涨的重要实际因素。赋以租房者子女与购房者子女同等的入学权利，针对新购学区房率先开征房产税，有利于发展住房租赁市场、降温大城市楼市，促进公平与效率，更有利于国家民族长远发展。

（一）“学区房热”推高一线城市房价

2015 年第四季度以来，中国一线城市房价出现一波快速升温。严格的划片就近入学政策造成的购房恐慌（并不局限于优质学区房），是本轮一线城市房价暴涨背后的重要实际驱动因素之一。根据国家统计局数据，2016 年 9 月北京、上海、深圳三个一线城市二手住房价格同比分别上涨 18.59%、26.81%、41.88%，涨幅冠全国之首。作为二级明星城市的南京、杭州、厦门、合肥等，房价同比涨幅也非常大。

由货币信贷宽松诱发的局部住房投机，是这波一线城市房价大涨的

外部条件。从理论上看，住房具有天然的投资品属性，住房交易需要巨额的资金支持，房价上涨也必然是一种货币现象。从政策面看，购房金融环境极为宽松，对购房的信贷支持不断加码，形成极有利于住房泡沫扩散的金融条件。自2014年9月以来，一线城市二套房信贷管制不断放松，二套房的认定条件从“认房又认贷”改为“认贷不认房”，这意味着如果首套房贷还清二套房仍可以享受首套房的按揭优惠政策；二套房按揭首付成数大幅调低，由以往的70%降为40%左右；持有住房的成本不断下降，央行自2014年以来已连续6次降低贷款利率，一般按揭贷款基准利率商业贷款仅为4.9%，公积金贷款仅为3.25%；货币投放量不断扩张且主要被投入房地产市场，2016年9月，广义货币（M2）余额151.6万亿元，同比增长11.5%，2016年7月全国人民币贷款增加4636亿元，其中住户部门中长期贷款增加4773亿元。

严格的就近划片入学造成的购房恐慌（并不局限于优质学区房）及疯狂的学区房投机，则是本轮一线城市房价暴涨背后的重要实际驱动因素。诚然，所有的房价大涨背后，都需要有资金面作支撑。但本轮一线城市房价暴涨，除了局部“金融泡沫”，还可能有其更深层次的现实原因。在本轮房价上涨过程中，根据从北京、上海、南京等热点城市获取的购房样本，发现多数购房者的背景并没有任何特别之处，他们既非资本运作能人，更不是金融地产行业从业者，而只是中等收入的平常家庭而已。他们购房的动机也不是为了投机炒房，而是为了孩子当前或未来上学需要。这些热点城市“逆市”购房者的背景与购房动机，都很难直接与“金融泡沫”相关联。

房价数据也印证了关于购房入学推高一线城市房价的论断。2016年9月，北京市单价最高的30单二手住房交易，基本上都发生在西城区的“老破小”小区中，住房条件非常差，对房价的支撑主要来源于房屋产权人对优质学校入学资格的垄断性占有（见表 5－2）。这 30 单交易中，最高单价为每平方米 149942 元，最高总价为 2096 万元，最低单价为每平方米 138095 元，最低总价为 145 万元。最大面积 150 平方米，最小面积 11 平方米。其中有平房 5 单，平均单价为每平方米 141795 元。楼龄在 1980 年及之前的有 8 单（包括建筑具体年限不详的 5 单平房），1981—1989 年的有 7 单，1990—1999 年的有 7 单，2000 年之后的仅有 8 单（其中 2010 年之后的 2 单）。从学区分布看，奋斗小学的学区房 2 单，宏庙小学学区房 5 单，中关村三小万柳校区 3 单，育翔小学学区房 2 单，人大附中朝阳实验学校 2 单，西单小学 5 单。从区县分布看，高度集中于西城区，分别为西城区 21 单，海淀区 4 单，东城区 3 单，朝阳区 2 单。

表 5－2　2016 年 9 月北京市单价最高的 30 单二手住房交易

小区	户型	建筑面积/平方米	总价/万元	单价/（元/米^2）	朝向	装修	楼型	建筑时间	楼层	区县	板块	学区
宏汇园小区	3 室 1 厅	86	1285	149942	南北	简装	板楼	1999 年	中楼层(共 7 层)	西城	金融街	宏庙小学
鲍家街	3 室 1 厅	78	1165	149936	东南北	简装	塔楼	1989 年	低楼层（共 16 层）	西城	金融街	奋斗小学
蜂鸟家园	1 室 0 厅	44	665	149741	南	精装	板楼	2004 年	高楼层（共 16 层）	海淀	万柳	中关村三小万柳校区
新文化街	3 室 1 厅	84	1260	149466	西南	简装	塔楼	1987 年	低楼层（共 16 层）	西城	金融街	实验二小
蜂鸟家园	1 室 0 厅	46	680	148213	西	精装	板楼	2004 年	高楼层（共 9 层）	海淀	万柳	中关村三小万柳校区
京畿道	2 室 1 厅	59	870	148211	东西	精装	板楼	1993 年	低楼层（共 6 层）	西城	金融街	西单小学

（续表）

小区	户型	建筑面积/平方米	总价/万元	单价/（元/米^2）	朝向	装修	楼型	建筑时间	楼层	区县	板块	学区
京畿道	1室1厅	46	680	147826	东	简装	板楼	1992年	低楼层（共6层）	西城	金融街	西单小学
育德胡同	1室0厅	16	240	147692	南	简装	平房	—	低楼层（共1层）	西城	西四	四根柏小学
丰侨公寓	1室0厅	68	998	147502	东	精装	板塔结合	2006年	低楼层（共22层）	西城	金融街	宏庙小学
丰汇园小区	2室2厅	102	1500	147203	南北	精装	板楼	1999年	高楼层（共6层）	西城	金融街	宏庙小学
京畿道	2室1厅	58	850	147059	南北	简装	板楼	1993年	中楼层（共6层）	西城	金融街	西单小学
南沙沟小区	3室1厅	89	1300	146281	南北	精装	板楼	1975年	中楼层（共5层）	西城	月坛	中古友谊小学

（续表）

小区	户型	建筑面积/平方米	总价/万元	单价/（元/米^2）	朝向	装修	楼型	建筑时间	楼层	区县	板块	学区
新风北里	2室1厅	51	743	145972	南北	精装	板楼	1983年	低楼层（共6层）	西城	马甸	育翔小学
蜂鸟家园	1室0厅	49	720	145778	北	精装	板楼	2004年	高楼层（共16层）	海淀	万柳	中关村三小万柳校区
丰汇园小区	2室1厅	64	930	145313	东北	简装	板塔结合	1999年	低楼层（共13层）	西城	金融街	宏庙小学
京畿道	2室1厅	57	820	144621	南北	简装	板楼	1992年	高楼层（共6层）	西城	金融街	西单小学
北京尊府	1室1厅	65	935	143625	西	精装	塔楼	2008年	中楼层（共14层）	西城	金融街	奋斗小学
大拐棒胡同	2室1厅	42	606	143262	南	简装	板楼	1974年	低楼层（共6层）	东城	西四	黄城根小学

（续表）

小区	户型	建筑面积/平方米	总价/万元	单价/（元/米^2）	朝向	装修	楼型	建筑时间	楼层	区县	板块	学区
新外大街28号院	1室1厅	39	560	143223	东北	简装	板楼	1980年	中楼层（共6层）	西城	德胜门	育翔小学
钱粮胡同	1室0厅	16	230	141975	南	简装	平房	1980年	低楼层（共1层）	东城	东四	—
云梯胡同	2室1厅	48	679	141754	东北	简装	板楼	1981年	中楼层（共6层）	西城	金融街	西单小学
南草厂胡同	1室0厅	16	220	141026	南	其他	平房	—	低楼层（共1层）	西城	新街口	—
太阳公寓	3室2厅	92	1300	140998	南北	精装	板楼	2010年	低楼层（共27层）	朝阳	太阳宫	人大附中朝阳实验学校
东四十一条	1室0厅	11	150	140187	北	简装	平房	1988年	低楼层（共1层）	东城	东四	东四十四条小学

（续表）

小区	户型	建筑面积/平方米	总价/万元	单价/（元/米^2）	朝向	装修	楼型	建筑时间	楼层	区县	板块	学区
西城晶华	3室2厅	150	2096	139566	南北	精装	板塔结合	2008年	低楼层（共8层）	西城	金融街	华嘉小学
红玺台	2室1厅	86	1200	139389	南北	精装	板楼	2012年	低楼层（共16层）	朝阳	太阳宫	人大附中朝阳实验学校
复兴门外大街	3室1厅	94	1300	139037	南	精装	塔楼	1989年	中楼层（共20层）	西城	木樨地	育民小学
丰盛胡同	3室1厅	69	950	138444	南北	毛坯	板楼	1980年	中楼层（共5层）	西城	金融街	宏庙小学
黄庄小区	1室1厅	34	470	138235	南	其他	板楼	1981年	低楼层（共6层）	海淀	中关村	中关村一小
草厂胡同	1室0厅	11	145	138095	南	其他	平房	—	低楼层（共1层）	西城	地安门	分司厅小学

数据来源：互联网大数据抓取。

相比“老破小”学区房疯狂投机炒作，更为疯狂和奇葩的是针对学区地下室的投机。绝大多数地下室终年阴暗不通风，无手机信号，并不具备正常的居住条件。但由于部分地下室可以落户入学，形成“学区地下室”，从而使其产生了远高于其使用价值的价格。2016 年 9 月，北京市单价在每平方米 5 万元以上的学区地下室交易共获得样本 58 件，其中每平方米 9 万元以上的有 8 件。表 5 – 3 为每平方米 9 万元以上的学区地下室交易。在这 8 件中，最高单价为每平方米 116667 元，最高总价为 636 万元，最低单价为每平方米 90085 元，最低总价为 399 万元。最大面积为 71 平方米，最小面积为 36 平方米。西城区 5 单，海淀区 1 单，东城区 2 单，其中 2 单为育翔小学学区房，2 单为史家小学学区房。多数人天价购买地下室并非为了居住，而仅仅是对入学资格的投资。

表 5 – 3　2016 年 9 月北京市单价在 9 万元/米^{2}以上的学区地下室交易

小区	户型	建筑面积/平方米	总价/万元	单价/(元/米^2)	装修	建筑时间	楼层	区县	板块	学区
仓南胡同 12 号院	1 室 1 厅	36	420	116667	简装	1990 年	地下室(共 6 层)	东城	朝阳门内	史家小学
新外大街 28 号院	2 室 1 厅	56	575	102679	精装	1988 年	地下室(共 6 层)	西城	德胜门	育翔小学
灵境胡同	1 室 1 厅	40	399	99750	简装	1982 年	地下室(共 6 层)	西城	西单	自忠小学

（续表）

小区	户型	建筑面积/平方米	总价/万元	单价/（元/米^2）	装修	建筑时间	楼层	区县	板块	学区
小石桥胡同11号院	2室1厅	57	558	98674	精装	1985年	地下室（共5层）	西城	六铺炕	雷锋小学
德外大街乙12号院	2室1厅	48	470	97713	简装	1987年	地下室（共4层）	西城	六铺炕	五路通小学
软件园小区	2室1厅	58	558	96207	精装	1995年	地下室（共6层）	海淀	中关村	中关村一小
新风北里	2室1厅	56	500	90090	简装	1990年	地下室（共5层）	西城	马甸	育翔小学
仓南胡同14号院	2室1厅	71	636	90085	精装	1993年	地下室（共6层）	东城	朝阳门内	史家小学

数据来源：互联网大数据抓取。

（二）入学资格与购房变相挂钩引发学区房抢购

入学资格与购房变相挂钩，租房者子女面临入学困难。通过更深入的调查研究发现，严格就近划片入学实施后，多数城市的儿童入学条件，无论是“单校划片”还是“多校划片”，都变相指向自有产权住房。而租房者并不能算是片区的一员，子女极可能无法在当地入学。即使运气好得以入学，也只能按本区县教委指定进入最差的学校就读。以北京市西城区新公布2016年小学入学条件为例，三类无房户子女都可能无法入学：一是集体户籍无房户，如果未获公房配租，仅租住私人住房，子女将无法在当地入学；二是具有其他区县户籍，但在该区工作和实际租房居住（无自有产权住房）的家庭，子女将无法在就业和实际居住地入学；三是外地户籍租房居住者，需要办齐苛刻的五证（实际需要提供的证明可能超过28个），否则也将无法入学。

但另一方面，如果在片区购买了自有产权住房，则这些子女入学难题大都能迎刃而解。前两类无法入学的家庭现在可以优先入学，第三类外地户籍家庭除了在北京等特大城市，购房后也可顺利落户入学。在有些学校，还将购房入户的年限与入学资格相挂钩。要顺利入学，父母不仅要买房，而且要提前尽早抢房，最好孩子一出生或未出生之前就把房子买好，否则一切都可能来不及了。

据此也可以推断，如果现有的儿童入学条件不发生变化，一线城市房价在经历了本轮猛涨后，即使出现短期调整，其长期上涨趋势也不会有所改变。当购房几乎变成了子女成功入学的充分必要条件，一线城市住房特别是学区房逆市出现恐慌性抢购也就并不奇怪了。尽管房价已经过高，经济基本面也不大支持房价上涨，但购房者逆势抢房的行为并不能简单称之为非理性。中国社会受儒家文化影响巨大，向来极为重视子女教育。古人尚有“孟母三迁”之佳话，如今为了子女入学资格砸锅卖铁购房也就不奇怪了。如果坚持不接受高房价不买房，不仅孩子无法接受正常教育，还有很大可能出现留守儿童的人伦危机，这是任何为人父母者都不愿意看到的。与高价自买自卖套取银行贷款的炒房神话相比，这些才是实实在在的住房“刚需”，也是房价大涨能够看得见摸得着的推动力。

（三）租购房同权降温一线城市楼市

应尽快纠正现有儿童入学政策的偏差，明确赋予租房家庭与购房家庭子女同等的入学权利。

租购房同权有利于促使特大城市房价回归理性，避免非理性抢房运动及购房恐慌的形成。

租购房同权同时也是“建立租购并举的住房制度”的首要条件。2016 年《政府工作报告》提出要“建立租购并举的住房制度”，2016 年 5 月 17 日国务院办公厅印发《关于加快培育和发展住房租赁市场的若干意见》，这首先需要落实租房家庭与购房家庭的同等入学权利，否则住房租赁市场无法发展。

租购房同权有利于国家民族的长远发展。从长远看，实施租购房子女同等入学，不仅有利于促进自由迁徙，更有利于提高低收入阶层的受教育水平、增进社会凝聚力，这对于国家民族的发展无疑具有深远的正效应。

在实际操作中，特殊情况下可考虑用实际居住条件替代自有产权作为优质学区入学标准。在实施租购房家庭入学同权后，对于多数学位不紧张的片区而言，在本学区实际居住（租购房均可）就可作为入学的唯一住房门槛。为避免少数热点学区出现群租挤兑入学的现象，这部分热点学区可采取国际通行的做法，在废除自有住房条件的同时，增设实际居住条件作为入学门槛，并通过定期与不定期入户访问调查、全社会公开监督等办法，来保证入学儿童其家庭租购的住房能满足基本居住条件。以实际居住条件而非产权作为优质学区入学标准，也可以有效避免不具备居住条件的破败平房、地下室售出天价的社会冷笑话再度出现。

（四）新购学区住房可率先开征房产税

在就近入学的条件下，优质学区的优质教育资源不再具有公共产品的标准特征。学位为学区内的居民所垄断性占有，其他居民无法享用。高昂的学区房价也表明，优质公共基础教育终将沦为富人的专利。虽然优质的公共教育资源已经沦为少部分私人的专属资源，但从供给端看，这些优质的公共教育资源的办学成本仍然由全体居民承担，住在优质学区中的富人并没有为此多出一分钱，政府和学校也并未从学区房的垄断性高价收益中得到任何好处，这显然是不公平的，不仅存在劫贫济富的问题，而且也违背了成本收益对等的基本经济原则。

从公平的社会原则和成本收益对等的经济原则出发，优质公共基础教育所产生的高于平均水平的办学成本应由学区内的业主共同承担，这也是国际普遍通行的公共筹资经验。在公共基础教育水平客观上存在较大差别的条件下，可对学区房率先开征房产税，并将其中一定比例用于学区办学，从而实现公共基础教育投入与产出（质量）的良性循环。考虑到住房产权的历史延续性、政策的可操作性及抑制学区房投机的政策目标，对优质学区房的开征房产税，应主要针对新购学区住房。如果设计合理，对新购学区房征税有望实现多方共赢，这也可以作为推进房产税改革的一个突破点。

尽管从长远看，公共服务的均等化才是我们追求的终极目标，但公共基础教育水平的差别化仍将在较长时期内存在，这是发展的阶段性问题。在当前阶段，我们不仅需要向均等化努力，还需要对现实存在的公共资源非均等分配进行适度经济调节，避免其成为少数人牟利的工具。

第六章　住房保障与房地产市场

一、政策支持如何与市场机制有效契合：基于北京市共有产权住房实践的分析

党的十九大报告提出要“加快建立多主体供给、多渠道保障、租购并举的住房制度，让全体人民住有所居”。而共有产权住房，则被视为建立“多主体供给、多渠道保障、租购并举的住房制度”的一个重要探索。2018 年 3 月 5 日中央政府工作报告明确提出要“支持居民自住购房需求，培育住房租赁市场，发展共有产权住房”。在国内，上海、北京、深圳、淮安、黄石等多地均开展了共有产权住房探索。在各地的共有产权住房实践中，北京市首次将共有产权住房应用于超大城市普通购房人群，在共有产权住房政策实践中具有极特殊的意义与研究价值。

（一）共有产权住房是将政府住房支持与市场机制有机结合的一种尝试

住房全面商品化作为我国住房改革的重要阶段，总体来说是成功的。但由于社会发展的复杂性，现有的中国住房市场和住房制度体系也

因此积累了大量的难题。比如房价高企、政府被动采取市场行政管制措施应对房价过快上涨、城镇中低收入居民家庭住房支付能力低下、外来人口住房困难、保障房供应量严重不足等，这些问题均严重困扰着中国住房市场发展与宏观经济决策。

从住房需求看，在未来较长一段时间内，中国面临着城市化带来的人口和住房压力。2017 年底，中国的城镇化率已经达到 58.52%。据世界银行、国务院发展研究中心课题组等的估计，到 2030 年，中国城镇化水平将达到 70% 左右，城镇人口将超过 10 亿人。从目前住房供给体系看，商品住房市场可以较好地为高收入阶层提供优质住房，但难以有效地满足低和中低收入甚至中等收入阶层的合理住房需求。单纯发展商品住房市场，不能保证高收入以外群体的居住权利和支付能力，在土地出让一级垄断的条件下也无法有效约束地方政府的高价售地行为。

政府虽然有责任和义务为低收入住房困难家庭的住房兜底，但住房保障范围如果进一步扩大，政府财政能力难以承担，公共住房资产无法盘活，由此引发的腐败问题和公共住房社会问题也影响深远。以“夹心层”住房这一典型问题为例，作为中等或中等偏低收入的夹心层，现实中可能既买不起价格高昂的商品房，又不符合保障房准入要求。从当前全国各地的收入水平和保障房准入政策要求看，城市中等收入阶层这一庞大群体中有不少家庭属于“夹心层”。针对这一困境，以往的住房制度框架内也曾经考虑采用经济适用房、限价商品房和自住商品房等多种形式解决“夹心层”的住房问题，然而这些措施并不能有效改变“夹心层”的住房困境，反而引发了资源错配和市场扭曲的现象，由此产生的问题在特定条件下甚至远比其要解决的问题更多。

通过共有产权制度的引入，意在厘清政府与市场的关系，并充分利用二者的优势，有效地解决处于政府与市场边缘地段的“夹心层”住房问题。共有产权住房是将住房保障制度与市场机制有机结合的一种制度尝试。试图在保留市场机制和尽可能不扭曲资源配置的前提下，合理引入政府的住房政策支持。具体来说，是利用政府作为土地所有者的优势，通过政府持有部分份额而非隐性补贴的方式进行让利，从而有效地降低首次购房者的支付压力和还贷压力。住房压力的减轻，当然有利于保持经济的持续稳定发展，更有利于激发国民的创业创新热情，维持经济活力。

（二）北京市共有产权住房实践的特殊性

2014 年，北京、上海、深圳、成都、黄石、淮安 6 个城市被住建部列为全国共有产权住房试点城市。北京市共有产权住房实践属于我国各地共有产权住房制度实践的一个有机组成部分，但北京市共有产权住房实践又与前述其他各地共有产权住房有本质上的区别。

首先，与以往各地共有产权住房实践最大的不同在于，北京市不仅将共有产权住房大胆应用于住房矛盾最为突出的一线城市，而且覆盖人群极其广大，更具有普惠性质，特别是对于“夹心层”的实际意义更为重大。北京市共有产权住房没有政策性住房中常见的收入门槛，只要具备了北京市普通商品住房购买资格的无房家庭均可申购。如果运行成功，北京市共有产权住房对商品房市场将产生重要影响。

从淮安、上海、黄石等地的实践历史与现状看，它的成败与经验并不关系当地住房市场与住房制度改革的全局。淮安市率先将共有产权住房制度运用于经济适用房和拆迁房的配售，上海市长期将共有产权制度运用于经济适用房分配，其适用范围都较小，无法与商品房市场规模相提并论。

从上海共有产权住房发展历程看，它具有浓厚的经济适用房色彩，供应量从未达到影响市场的程度。2008 年，上海恢复推出了中断数年的经济适用房。2009 年，《上海市经济适用住房管理试行办法》首次明确提出了“有限产权”的概念。购买经济适用房的住房困难家庭与政府分别承担房屋的部分产权，“其产权份额为购买经济适用住房时购房价格占相同地段、质量的普通商品住房市场价格的一定比例”。两年后，上海“有限产权”的经济适用住房制度在全市范围内推广，名称统一变为“共有产权保障房（经济适用住房）”。2016 年上海市政府发布了《上海市共有产权保障住房管理办法》，将共有产权房从经济适用住房概念中独立出来。在这个发展历程中，收入限额得以不断放宽，供应规模也在扩大，其收入限额中的人均月可支配收入从 2300 元放宽至 2900 元、3300 元和 5000 元直至 6000 元。从 2010 年起推出共有产权保障房试点，截至 2016 年底，上海供应共有产权保障住房 8.9 万套。上海“十三五”期间将计划新增供应共有产权保障住房 8 万套，但总的来说其经济适用房的影子仍然较重，对于“夹心层”的覆盖有所不及。

从淮安共有产权住房发展历程看，其定位也决定了它的供应量极为有限。2004 年淮安市本地住房价格大幅度攀升，已经购买经济适用房的人转手倒卖，获利巨大，在社会形成不良影响。为此，淮安市提出以出让土地方式建设共有产权住房，向城市拆迁中和社会上的住房困难家庭供应，以解决保障性住房准入与退出所产生的种种问题。2007 年 7 月，淮安出台了《淮安市区保障性住房建设供应管理办法》。2010 年，出台了《淮安市共有产权经济适用住房管理办法》。据 2014 年笔者对淮安市调研时淮安市政府提供的数据，从 2007—2013 年底，淮安市区共向 938 户中低收入家庭供应共有产权经济适用住房（719 户为中低收入住房困难家庭，219 户为拆迁住房困难家庭）。

与上海、淮安等地不同，北京共有产权住房在新增住房供应中占有相当大的比例，是一种“多主体供给”的新型住房模式，北京住房供应结构将由此发生重大变化。根据2017年4月初发布的《北京市2017—2021年及2017年度住宅用地供应计划》，未来五年北京将供地1020公顷、拟建25万套自住型商品住房（共有产权住房），年均约5万套。而实际上，共有产权住房未来供地比例还可能增加。根据北京市统计局的数据，2017年北京全年的商品住宅销售面积为612.8万平方米，折成套数在6万~7万套。由于可供土地不足及共有产权住房的挤压，这个数字在未来数年或将逐年下降。这表明，共有产权住房供应规模将有望赶超或接近商品房，商品住房将不再具备供应垄断地位。此外，北京市共有产权住房明确了“新北京人”房源分配要不少于30%。

其次，与无收入门槛相适应，北京共有产权一反政策性住房的外观设计单调压抑、品质偏低共性，融合了最新的设计理念和较高的品质要求，实际上具有高于或至少等同于一般商品住房的建设品质标准。根据《北京市共有产权住房规划设计宜居建设导则（试行）》，共有产权住房在车位配比方面，要求“城六区不低于1.0辆/户”；在配套设施方面，要求“将图书馆、健身馆作为标准配置”，并提供居民学习、健身场所及咖啡馆等公共交流空间；在套型方面，“以多居室为主”，严格控制建筑面积在60平方米以下小户型比例；在智能化方面提出“全面推行三网融合，实现小区无线网络（Wi-Fi）全覆盖，安装人脸识别系统，试点建造智能化小型公用仓库”等。在实施过程中，除了要求企业严格按照共有产权住房规划设计导则来建设，并坚持共有产权住房规划设计方案的专家评审制度外，还要求在评审中引入媒体以及申购家庭参与、监督。

最后，北京市共有产权住房实行全封闭运行，上海、淮安等地的共有产权住房政策均存在达到一定条件后转为普通商品住房的条款。

根据《上海市共有产权保障住房管理办法》规定，购房人取得房地产权证满5年后，共有产权房可上市转让或者由购房人、同住人购买政府产权份额；上市转让或者购买政府产权份额后，住房性质转变为商品住房。政府指定的机构在同等条件下有优先购买权；放弃优先购买权的，方可向他人转让。共有产权保障住房被上市转让或者优先购买的，购房人按照其产权份额获得转让总价款的相应部分。

根据《淮安市共有产权经济适用房管理办法（试行）》，购买共有产权经济适用住房的家庭，可以分期购买国有产权部分，形成完全产权。其中：自房屋交付之日起5年内购买政府产权部分的，按原供应价格结算；5年以后8年以内购买的，按原供应价格从第6年起的银行同期贷款利率（市场价低于原价或此价时取低价）购买；8年以后购买的，按届时市场评估价格（不含房屋装饰装修费用，同时须经共有产权人确认）购买。

2017年9月20日，《北京市共有产权住房管理暂行办法》正式发布。与征求意见稿相比，正式稿删除了关于持有共有产权住房满5年后公开上市的内容，要求共有产权住房实行封闭运行。根据正式稿第25条第2款："购房人可在代持机构建立的网络服务平台发布转让所购房屋产权份额信息，转让对象应为其他符合共有产权住房购买条件的家庭。新购房人获得房屋产权性质仍为共有产权住房，所占房屋产权份额比例不变。"

（三）北京共有产权住房的市场表现与现实问题

截至2018年3月23日，北京市共完成三个共有产权住房项目的配售，这三个共有产权住房项目按选房先后顺序分别是朝阳区的"首开保利锦都家园"、顺义区"金成雅苑二期"及海淀区"中铁碧桂园"。从市场表现看，三个项目销售总体呈供不应求状态，但初次选房仍存在一定程度的弃购现象。项目配售过程暴露了政府与居民家庭制度理解偏差、定价与产权比例脱节、产权比例确定不合理等现实问题。北京共有产权住房制度运行具体现实问题可以概括为以下三个方面：

一是制度设计时不切实际地将堵塞套利空间作为主要目标，机械运用封闭运行条款。

《北京市共有产权住房管理暂行办法》一个最大的看点是共有产权住房实行封闭运行，删去了原来征求意见稿的第 3 条，即 5 年后可以以市场价回购剩余产权，使其转为商品房回到市场公开流通。根据目前规定，购房人可转让所购房屋产权份额，转让对象只能是其他符合共有产权住房购买条件的家庭。新购房人获得房屋产权性质仍为共有产权住房，且所占房屋产权份额比例不变。

从实际运行结果看，这项规定在一定程度上脱离了市场现实，并进而造成房源弃购。在已经发售的三个项目中，海淀区“中铁碧桂园”项目 2018 年 3 月 1 日完成第一批次选房①。项目含全装修费用销售均价每平方米 35000 元。项目由购房人和政府共同持有房屋产权，购房者个人持有 70%，政府持有 30%。该批次通过审核并参与摇号的家庭户数共有 29364 户，户数房源比约为 68∶1。在选房当天下午 6 点结束时，轮到 1600 号这 431 套待选房源全部售罄。也就是说，前 1600 号中有 73% 的家庭放弃了这次选房。除了付款条件较高外，购房家庭对封闭运行条款的不认同、不理解，被普遍认为是部分家庭弃购的重要原因。

---

① 项目房源分两批次组织配售工作。第一批次面向海淀区户籍无房家庭和在海淀区工作的本市其他区户籍无房家庭配售，房源 431 套，约占总房源的 70%；第二批次面向符合本市住房限购条件且在海淀区稳定工作的非本市户籍的无房家庭配售，房源 185 套，约占总房源的 30%。

作为政策性商品住房，应以最大限度地提高居民家庭住房水平作为主要目标，避免套利不应作为其主要政策目标。任何政策性住房都具有一定的福利性质，套利不可避免。如果要完全堵塞套利空间，则政策性住房必须无限趋近于纯商品住房，那么政策性住房又没有存在的必要，这是一个悖论。

此外，限价房、经济适用房等由于政府补贴额不明确，上市转商可能会引发大额套利。而共有产权住房已经将政府补贴投入明确为产权份额，要防止转商品房套利只要通过优先回购条款实现价值回收即可。相对于允许转商品房出售的政府价值回收方式，强行限定于封闭运行的政府实物回收方式并没有特别的实际意义。而且，封闭运行可能反而会使共有产权住房的套利空间变得更大，配置效率更低。共有产权房与限价房、经济适用房不同，它没有任何收入门槛，它所面对的是庞大的无房群体。“封闭”运行也可能不能阻止未来二级市场的高价出售。新加坡市场的经验已经充分证明了这一点。与北京共有产权住房体系可相类比借鉴的是新加坡的组屋制度。新加坡组屋覆盖了 90% 以上的人口，并接近于封闭运行。组屋虽然不能转为商品住房，但也存在二级交易市场。符合组屋购买条件的公民和永久居民均可参与二级市场交易，无须轮候排队。从新加坡市场的经验看，组屋一旦再次上市，价格较初始申购价即出现迅速升水。二手组屋与一手组屋价格存在严重倒挂，一手组屋价格约相当于商品房价格的 30% ~40%，二手组屋价格约相当于商品房价格的 50% ~60%。

从北京与全国各地的共有产权住房实践比较来看，也并无其他城市存在封闭运行条款。

二是由于制度设计的复杂性，申购家庭对共有产权住房的理解与制度设计者的初衷存在偏差。

相对于共有产权住房，经济适用房、限价房等规则相对简单得多，也容易为公众所理解。共有产权住房不仅引起了共有产权这一个令大众较难理解的概念，而且不同项目产权比例、共有双方权利义务也存在较大差别，居民家庭认知成本很高。各地具体实践发现，有些产权设计问题，即使政府主管部门的工作人员也难以向公众作出合理解答。如果共有产权住房制度涉及的供求双方都无法准确理解其要旨，在执行过程中就难免要走样，或者购房家庭难以作出理性选择。北京在实践过程中，一个比较典型的误区就是有些家庭认为政府所占份额越大，购房家庭越“吃亏”。

即使共有产权住房政策制定者也不一定准确理解制度内涵。比如《北京市共有产权住房管理暂行办法》第 26 条：“代持机构行使优先购买权的房屋价格，应委托房地产估价机构参照周边市场价格评估确定。购房人转让价格明显低于评估价格的，代持机构应当按购房人提出的转让价格予以回购。”但有了第 25 条规定的封闭运行和原有份额转让，则第 26 条或属多余。既然购房人只能向其他符合共有产权住房购买条件的家庭转让其拥有的份额，政府所占份额始终不变，那么购房人无论转让价格多少，于政府利益都没有损失，政府担忧其低价转让流失国有资产并没有明确道理。相反，再次转让价格越低，对符合条件的接手人越有利。政府优先回购权利，只有在政府有权分享转让收益的前提下才是有意义的。在这种情形下，购房人可能会故意做低价格，从而少上交属于政府的那部分收益。而购房人如果按方案所要求的，仅能转让自己所持有的份额，则无须上交政府任何收益，做低价格的动机将不复存在。也就是说，封闭运行与优先回购条款存在互斥。在封闭运行条件下，优先回购权设置不仅没有用途，还将增加制度的理解困难。

关于出租的规定，北京市规定为允许出租，租金收益按产权份额分成。如根据“首开保利锦都家园”的购房合同文本，购房人购买房屋后出租的，应在市级代持机构建立的统一网络服务平台发布房屋租赁信息，优先面向保障性住房备案家庭或符合共有产权住房购房条件的家庭出租，购房人和代持机构按照五五比例分别获得租金收益的相应部分。但由于政府并非有效的“经济人”，这一规定在实施和监管环节会存在诸多困难。而上海、淮安的共有产权住房都不允许出租，实施相对简便。

三是定价与出售时间上不同步，由于房价涨跌，造成售房时购房者实际支付与所占份额的不对等。换句话说，实际申购时，政府份额已经存在“升水”或“贴水”的可能性。为了倒逼出项目的合理成本利润，共有产权住房的销售价格、产权比例一般要在拍地合同中先作出约定。而从拍地到选房签约，中间有约一年的时滞，这期间房价有可能会发生较大波动。如北京市2017年出台了史上最严的“3·17”调控，根据大数据房价指数（BHPI），2017年北京房价从4月的最高点到12月有16.5%的跌幅。如果政府与个人份额在4月按3:7确定，在12月销售时，个人支付额将会占到住房实际市场价的83.8%，而其产权份额占比仍为70%。在这种情形下，购房者支付金额大于其所占的份额达13.8%，这会造成滞销，并损害政策的声誉。反之如果房价上涨，则会使购房者支付金额小于其所占的份额，形成抢购态势。2017—2018年已经完成发售的三个共有产权楼盘，由于房价下跌，都在一定程度上存在政府所占份额高于公允值的现象，使得部分家庭选择弃购。

如第一个完成发售的共有产权住房项目朝阳区“首开保利锦都家园”，销售均价为每平方米22000元，房源427套，该项目房屋产权中的政府产权份额暂由北京市朝阳区住房保障事务中心代为持有，经评估确定的政府份额高达50%，购房人只持有剩余50%份额。“首开保利锦都家园”虽然是第一个共有产权住房，却是从自住型商品住房转化而来。由于《北京市共有产权住房管理暂行办法》于 2017 年 9 月 30 日才开始实施，申购条件是按照原自住房的政策，也就是之前申购并通过核验的家庭，就有资格参加摇号，但该项目之后的销售、管理和产权性质都将按照共有产权住房的政策实施。该项目于 2017 年 9 月 30 日公开摇号，2017 年 11 月 22—25 日完成了申购家庭集中选房。由于从土地拍出（同时也在售地合同中确定了住房售价）到明确为按共有产权住房管理期间住房市场价上涨较大，导致评估确定的政府份额高达 50%。此后由于房价一直下跌，到实际选房时，50% 的政府份额又显然偏高。

再如第二个完成发售的项目顺义区“金成雅苑二期”，由于住房市场价的上涨，政府份额高达 60%，实际选房时出现严重弃购。“金成雅苑二期”是第一个真正意义上开始网络申请的共有产权房。项目立项为限价商品住房，于 2017 年 6 月 5 日由政府产权份额代持机构北京市燕顺保障性住房投资有限公司（以下简称燕顺投资公司）收购，转化为自住型商品住房。根据《北京市共有产权住房管理暂行办法》，2017 年 9 月 30 日前未销售的自住型商品住房，按照共有产权住房进行销售、管理，据此“金成雅苑二期”项目又由自住型商品住房转化为共有产权住房。项目于 2017 年 10 月 27 日至 2017 年 11 月 11 日按共有产权住房开放统一申购。根据房地产评估机构完成对购房人与政府共有份额比例的评估，该项目单套住房的购房人产权份额比例为 40%，燕顺投资公司持有剩余 60% 份额。公告显示项目最终确认申购家庭约 51705 户，通过购房资格审核的家庭共计 15932 户。项目于 2017 年 12 月 14 日公开摇号确定选房家庭。按照第一组家庭、第二组家庭、第三组家庭分别摇出所有家庭选房顺序号①。项目于 2017 年 12 月 25 日完成选房，第一组剩余 147 套，第二组售罄，第三组剩余 48 套。除了对封闭运行存在抵触外，购房人产权份额比例过低，是造成首次选房存在较大比例弃购的重要原因。

截至 2018 年 3 月 23 日，北京市已完成配售共有产权住房项目主要属性、市场表现及显示的现实问题比较，见表 6－1。

表 6－1　北京市已完成配售共有产权住房项目比较

项目名称	初次选房时间	申购条件	土地来源	个人产权比例	销售均价/（元/米^2）	房源数/审核通过申购家庭数	初次选房状况	显示问题
朝阳区“首开保利锦都家园”	2017 年 11 月 22 日至 25 日	按自住型商品房申购	自住型商品房转化	个人持有 50%	22000	427/121186	实际成交 424 套	弃购、政府份额过高
顺义区“金成雅苑二期”	2017 年 12 月 25 日	按共有产权住房申购	自住型商品房转化	个人持有 40%	19000	969/15932	剩余 195 套	弃购、政府份额过高
海淀区“中铁碧桂园”	2018 年 3 月 1 日	按共有产权申购	自住型商品房转化	个人持有 70%	35000	431/29364（第一批次）	有约 1169 户弃购，当日售罄	弃购

数据来源：根据政府相关公告整理。

相比较之下，上海市共有产权住房采取的是成本加成定价，能够有

① 项目总房源的 50%（共计 484 套）面向第一组家庭，即顺义区户籍无房家庭和在顺义区工作的本市其他区户籍无房家庭，共 13838 户；项目总房源的 30%（共 292 套）面向第二组家庭，即在顺义区工作且符合北京市共有产权住房申购政策的非京籍（“新北京人”）无房家庭，共 1785 户；项目总房源的 20%（共计 193 套）面向第三组家庭，即在顺义区工作的东城区、西城区户籍无房家庭，共 309 户。

效避免定价与出售时市场价脱节问题，但也存在核算成本较高、不利于市场机制的充分引入等问题。

（四）从有效利用市场机制出发完善共有产权住房制度

作为针对人口稠密、住房供求矛盾突出的重要住房制度改革实践，共有产权住房制度设计不应简单、机械套用已有的经济理论。而需要从市场现实出发，不断总结实践经验与教训，形成最符合国情、能够有效利用市场机制的制度体系。从北京市的制度实践看，可从现实出发作如下改进。

1．去除不切实际的封闭运行条款，改为有条件公开上市及政府优先回购

要防止陷入通过精巧的制度设计来规避套利的误区。共有产权住房存在的意义在于政府让利。即便能够将共有产权住房中政府投入完全量化为住房份额，其福利性质仍是显而易见的。如果不存在政府让利，或者共有产权住房将不为市场所接受；或者共有产权住房就没有必要存在，只要有商品房市场就足够替代其功能，因完全没有政府让利的各类“政策性”住房在属性及功能上都将无限趋近于商品房。

政策性住房套利可以分为出售套利、出租套利和自住套利。一般来说，共有产权住房只要同时设定公开转商品房上市及政府优先回购条款，即可有效避免出售套利；但无论何种设计，由于政府监管力量的有限性，都难以避免出租套利、亲友自住套利。至于封闭运行，由于封闭运行下优先回购条款形同虚设，则既不能避免出售套利，也不能避免出租套利或自住套利。

如果将共有产权住房的封闭运行改为有条件公开上市及政府优先回购，从需求侧看可以更好地利用市场机制提高住房配置效率；从供给侧看政府只要将其投入份额按上市时间的市场价实现了价值回收，就可以根据供求状况将回收的价值再投入共有产权住房建设中，实现投入价值的封闭运行与滚动发展，完全没有必要拘泥于住房实物是否“封闭”；对于共有产权住房购买者而言，收入增长、职业或家庭结构的变化都将产生退出需求，因为有了更有效的退出机制，可以更加安心地作出购买决策。

2. 合理确定政府份额，实现公平补贴

政府与家庭共同持有住房的根本目的是降低家庭购房的短期支付困难。政府份额的高低，实际上代表了政府在支持家庭购房过程中让利或补贴的力度。显然，从社会公平看，政府对同一收入阶层的补贴力度应趋于相同。从现有的项目看，政府所占的份额从30% ~60%不等。

限价房、两限房、自住型商品房等各类政策性住房转换为共有产权住房管理时，应及时调整出售定价。使针对同一收入阶层的不同共有产权住房项目中政府的份额趋于一致，尽可能做到政府投入补贴水准的横向公平。而现有的做法往往是根据当前市场价格和原定出售价格之比，简单地调低或调高政府份额，这将有悖于政府补贴的横向公平。

同时，尽量避免政府份额（投入）过高。因为政府份额（投入）代表政府的补贴水准，补贴水准过高的项目更适宜采取其他严格的保障房形式管理，严格限定其收入门槛。共有产权住房主要是帮助“夹心层”实现居者有其屋，低收入住房困难阶层更适宜采用公（廉）租房等非产权的形式进行保障。

3. 进一步简化共有产权住房制度

引入共有产权机制虽然能够将政府投入让利部分明确为产权份额，但一旦涉及共有及产权，规则就变得极为复杂。占用、使用、出租、处置、收益等各个环节，都存在共有双方权利义务划分的问题。

虽然《中华人民共和国民法总则》及《中华人民共和国物权法》对住房共有者的基本权利义务存在一些默认的划分，但由于政府难以像普通购房者那样履行法律默认的一些所有者义务，那么也就无法正常享受法律默认的一些所有权利。这导致出租、转让出售、装修维护、物业费缴纳、税费承担、抵押融资等各个环节双方权利义务，都需要根据实际需要，在购房合同中另行作出详细约定。

大道至简，产权设计复杂并不一定就能有效避免寻租套利。相较自住型商品房、两限房，共有产权住房更不易为公众所理解。在保障其共有产权基本要义的前提下，应尽量简化规则，以节约政府监督管理成本及公众的理解成本，提高效率。

4. 在制度设计上应尽可能缩短定价与出售时间上不同步

在定价和出售存在时间差的情形下，房价涨跌会使定价时的约定份额与实际支付额脱节，引发弃购或抢购等诸多问题。在严格资金监管的基础上，可以简化手续、降低预售要求，探索实行预售分期付款，从而实现第一时间上市销售。借鉴新加坡等经验，在广泛征求专家、公众意见的基础上，在设计、规划、选材等方面形成多套成熟方案以供选择。这样可以快速、低成本地完成前期设计工作，使项目尽早开工建设上市销售，并降低购房人对项目的认知成本。

如新加坡的组屋采取标准化设计，配置房型有一房式、二房式、三房式、四房式、五房式等，每种房型具有固定的面积标准。同时积极探索组屋建设的产业化、定制化、多样化以及模数化等，目前新加坡组屋的预制构件占到了总体的60%，建设时间因此大为缩短而品质得到保证。新加坡建屋发展局还依据“居住实态的调查”动态地调整组屋的标准化设计，套型中注重食寝分离、公私分离、干湿分离的设计理念，并提出建设智能型组屋，将电子技术及互联网技术、通信技术等结合到组屋中。

二、建好公共租赁住房

我国住房制度经历了从福利分房到住房市场化，再到强调住房保障体系建设的过程。虽然在这个改革进程中居民总体住房水平得以不断提高，但始终存在一个较大比例的“夹心层”，其住房条件无法得到有效改善。究其原因，主要是由于在我国以往的住房供给体系中，或偏重于市场性供给，或注重于政策保障性供给，而始终缺乏市场与政策相结合的供给渠道，使得住房供给体系的覆盖面存在盲点。2010 年 6 月 8 日，住房和城乡建设部等七部委联合提出的《关于加快发展公共租赁住房的指导意见》（以下简称“《指导意见》”），有利于调动各方资源增加租赁性小户型住房供应，对于完善我国住房供给体系，进一步扩大住房改革的受益面有积极的意义。相对于商品房、廉租房、经济适用房等住房供给形式，公共租赁住房有其自身的特点。

（一）以城市中等偏低收入住房困难家庭为主要供给对象

在当前条件下，中高收入家庭可以在市场上购买或租赁商品房，低收入家庭可以通过廉租房、经济适用房或棚户区改造等形式使住房条件得以改善，而中等偏低收入家庭则反而处于买不起、租不起、无保障的尴尬境地。此外，新就业职工和外来务工人员的收入状况也大都不堪负担市场租金，存在现实的住房困难。

公共租赁住房供应对象以城市中等偏低收入住房困难家庭为主，在有条件的地区，可以将新就业职工和有稳定职业并在城市居住一定年限的外来务工人员纳入供应范围，这几乎是为我国住房市场的“夹心层”量身设计，旨在使更多的家庭也能从住房改革中受益；与供应对象相适应的是，新建公共租赁住房的功能主要定位于满足基本居住需求，套型建筑面积严格控制在 60 平方米以下，这低于商品房平均水平，但又高于廉租房套型建筑面积 50 平方米以内的标准；公共租赁住房只能用于承租人自住，承租人购买、受赠、继承或者租赁其他住房的应当退出，这与廉租房基本相似，旨在保证公共租赁房的针对性和利用效率；公共租赁住房租金水平由市、县人民政府统筹考虑住房市场租金水平和供应对象的支付能力等因素合理确定，并按年度实行动态调整，理论上其租金水平应介于市场租金与廉租房租金之间。

（二）投资经营主体的多元化

廉租房的建设以政府公共投入为主，公共财力的有限性决定了它们只能保障很少部分家庭的住房需求。公共租赁住房供给对象群体比廉租房要大得多，为了保证公共租赁住房发挥其应有功效，除了政府投资建设外，还必须充分调动社会资本参与公共租赁住房的投资经营。

为扩大公共租赁住房的供给，《指导意见》提出，公共租赁住房的发展实行政府组织、社会参与。中央和地方政府均负有公共租赁住房的投入责任，市、县人民政府要通过直接投资、资本金注入、投资补助、贷款贴息等方式，加大对公共租赁住房建设和运营的投入，省、自治区人民政府给予资金支持，中央以适当方式给予资金补助，在这点上公共租赁住房与廉租房有类似之处。同时，公共租赁住房的投资建设可实现与市场机制相衔接，明确了公共租赁住房建设实行“谁投资、谁所有”，权益可依法转让，这对于吸引社会资本扩大公共租赁住房的供给有关键性意义。

（三）享受土地、财税、金融等多方面的政策扶持，具有可持续的盈利模式

既要使公共租赁住房租金相对于市场租金具有吸引力，同时又要保证参与投资经营的社会资本获得盈利，需要政府在土地、财税、金融等方面给予较大力度的政策支持。

在土地支持方面，公共租赁住房建设用地纳入各地年度土地供应计划予以重点保障。除面向经济适用住房对象供应的公共租赁住房实行划拨供应外，其他方式投资的可以采用出让、租赁或作价入股等方式有偿获得土地使用权，但所建公共租赁住房的租金水平等条件应作为土地供应的前置条件，且只能租赁不得出售。这将使得一般情况下，社会资本能够以低于商品房用地的价格获得土地使用权，从而有效降低公共租赁住房的建设成本。

在财税支持方面，对公共租赁住房的建设和运营给予税收优惠，建设涉及的行政事业性收费和政府性基金按照经济适用住房的相关政策执行。由于税费成本是住房建设成本的重要组成部分，这也将降低公共租赁住房的建设和运营成本，与土地支持政策共同保证社会资本投资公共租赁住房具有可持续的盈利模式。

在金融支持方面，鼓励金融机构发放公共租赁住房中长期贷款，支持符合条件的企业通过发行中长期债券等方式筹集资金等措施，应能够解决公共租赁住房的资金来源问题。因为在土地、财税政策的配套支持下，公共租赁住房的投资收益相对稳定，可以实现投融资的多方共赢。

总体而言，公共租赁住房顺应了我国住房供求形势变化，它的发展对于完善我国住房供给体系、打破单一供给渠道具有重要作用。但仍存在一些潜在的问题需要在实施过程中不断完善，如在房价偏低的地区如

何避免局部供给过剩，建设土地的供应如何有效保证，以及投资经营单位通过各种手段变相抬高租金应如何监管等。

三、江苏淮安共有产权住房实践案例

共有产权住房运用于中国现实并非来源于象牙塔的理论空想，各地早已经存在较为成功的自发探索与实践。有代表意义的如：江苏省淮安市较早地将共有产权住房制度运用于经济适用房和拆迁房的配售之中，并出台了相应的管理办法；上海市在总结了江苏淮安共有产权住房实践得失的基础上，设计了符合自身特性的共有产权制度，并将之运用于经济适用房实践；北京市为平抑房价，设计了自住型商品房制度，也具有一定的共有产权住房性质。此外，湖北黄石将共有产权住房制度运用于棚户区改造等，都具有一定的代表意义，但由于篇幅有限不能逐一剖析。各地的共有产权住房实践均植根于当地实际情况与实际需要，准入退出条件各有千秋，为深化住房制度改革提供了宝贵的经验与教训，丰富了共有产权住房理论。

（一）发展背景与基本情况

江苏省淮安市是国内最早实践共有产权住房制度的城市之一。淮安共有产权住房起源于经济适用房配售价格的向上调整。设置政府共有产权的初衷，是为了在经济适用房配售价格提高后，使被保障家庭的支付压力仍保持不变。共有产权住房的设置，也主要运用于经济适用房和拆迁安置房的配售实践中。

1994 年，淮安建设了凤凰新村解困房，初次提出为城市低收入住房困难家庭建设保障性住房，配售价格为当时商品住房价格的 65%

（每平方米700元）。由于申请对象准入条件较为严格，取得了较好的社会效果。从1995—2001年，淮安市又相继开发了富丽花园、富春花园等经济适用房项目，用于解决城市中低收入家庭的住房困难问题。建设规模达到47万平方米，配售价格为每平方米950元，比当时商品住房价格每平方米低200元左右。开始时，申请对象的准入条件与凤凰新村解困房执行一样的标准。由于配售价格与商品住房相差不大，以及建设资金的压力，随后经济适用房逐步放松了审查条件，最终敞开向社会销售。随着2004年本地住房价格的大幅度攀升，已经购买经济适用房的人转手倒卖，获利巨大，在社会上形成不良影响。为此，淮安市提出以出让土地方式建设共有产权住房，向城市拆迁中和社会上的住房困难家庭供应，以解决保障性住房准入与退出所产生的种种问题。2007年7月，淮安市出台了《淮安市区保障性住房建设供应管理办法》，2010年，出台了《淮安市共有产权经济适用住房管理办法（试行）》。

淮安共有产权住房兼具保障房与商品房的属性。共有产权住房土地供应方式由划拨变为市场出让，无须改变性质即可上市交易，从这个角度看，具有普通商品房的性质。相对于传统经济适用房为周边商品住房65%的定价，共有产权经济适用房价格上升到市场价的90%左右。这其中有约30%的价格差额，政府并不实际向配售家庭收取，而作为30%的政府份额计入住房产权。从这个角度看，又具有一定的政府保障性质。家庭的购房支付压力没有因价格调整而提高，但将其中的政府保障性补贴套现的难度显著增大。

2007年3月，淮安市首次在拆迁安置中推行共有产权住房，较好地解决了拆迁中的中低收入住房困难家庭购房能力弱和经济适用房退出难的问题。从2007—2013年底，市区共向938户家庭（719户为中低收入住房困难家庭，219户为拆迁住房困难家庭）供应共有产权经济适用住房，向944户家庭提供共有产权经济适用住房供应证。截至2014年3月，购房满5年的共有104户，其中77户回购了政府产权，占74%；另有100户未满5年就已经回购政府产权，共回收资金961万元。

（二）制度设计与配套政策

（1）准入条件。凡拥有市区城市户口1年（2013年3月执行此规定，以前是2年）以上，人均住房建筑面积低于16平方米，人均月收入不高于2000元（2013年3月执行此收入线）的家庭，均可申请一套经济适用住房（共有产权住房）。共有产权经济适用住房保障面积标准为建筑面积人均不超过20平方米。申购面积原则上不超过保障面积标准，在保障面积标准之内的部分按经济适用住房价格购买，在保障面积标准之外的部分按商品住房价格购买。

每年对共有产权住房保障的收入线标准进行动态调整，不低于上年度城市人均可支配收入的80%，不断扩大保障范围。

在准入审核上，建立了街道办事处、市住房保障部门、市民政部门三级联动审查机制，对申请住房保障的家庭实行“三审两公示”制度，即街道办初审，住房保障管理部门和民政部门复审，街道办辖区内第一次公示、市住房保障主管部门第二次媒体集中公示。对取得准入资格的家庭，采取公开摇号分房，将分配政策、分配程序、分配对象、分配过程和分配结果等信息全面公开。

2010年《淮安市共有产权经济适用住房管理办法（试行）》实施后，对通过“三审两公示”的保障对象采用摇号分配方式供应共有产权经济适用住房。由于房源充裕，2012年采取供应证制度，符合条件的申购家庭可以在两年内持证到市保障中心服务部自由选房、购房。

（2）土地来源。淮安市共有产权经济适用住房土地采取出让方式。

（3）产权设定。由政府和购房者按出资比例构成共有产权。主要实行7∶3比例的共有产权房，曾经有过5∶5的产权比例。7∶3共有产权房份额比例是根据传统经济适用房的价格与同期、同类地段普通商品房价格之比，并选择多点计算取平均值确定的（这一比例根据每年的具体情况测定，实行动态机制）。一套共有产权住房的个人出资额等同于同面积的传统经济适用房价格。因其土地性质和适用法律的不同，共有产权房实质上是基于低价位普通商品房的共有产权房。2013年，淮安市进一步对共有产权住房产权比例进行了创新，购房者与政府的产权比例在原来的基础上，又增加了9∶1、8∶2、6∶4三种比例，并对各比例类型房屋单价进行了微调。根据家庭承担能力，个人出资可在60%～100%范围内分档选择，并在房屋产权证上注明产权份额。

（4）登记。在产权证上注明按份共有和双方份额比例。

（5）定价。价格执行政府指导价，一般低于同区段、同期楼盘市场销售价格的10%左右。购买面积在核准面积以内的，按核准的价格购买，超过核准面积部分，由购房者按照完全产权价格购买。

（6）投融资渠道。政府产权部分的资金来源分三种类型：一是政府为社会中等偏低收入住房困难家庭购买共有产权房的出资部分，为集中建设共有产权房项目的土地出让金；二是政府为城市土地整理上市的被拆迁户购买共有产权房的出资部分，纳入土地成本；三是政府为公益事业项目被拆迁户购买共有产权房的出资部分，纳入项目预算。

在购房家庭个人融资方面，从2011年开始，各部门协调为购房支付能力弱的家庭提供住房公积金贷款和商业贷款。2012年，还采取信贷担保措施，支持购房能力弱的家庭通过市住房公积金中心和交通银行贷款，住房担保公司担保、市住房保障中心托底的方式购买共有产权经济适用住房，已向30户家庭提供住房公积金贷款、15户家庭提供商业贷款。

（7）建设方式。以经济适用住房项目进行立项，纳入省市年度目标任务，再由项目责任主体进行挂牌上市。扣除上交省土地出让规费后的土地出让金，由市财政划拨市保障房中心，作为政府产权部分的出资来源。共有产权房以集中建设为主，并与分散建设（回购）相结合。集中建设的共有产权项目则采取限房价、竞地价的方式公开出让，一般安排在地价较低的地段，以降低房价。同时，适当安排部分非低收入拆迁安置家庭入住，调节集中居住区的低收入家庭比例。分散建设（回购）主要通过土地上市挂牌条件，分散安排在市区商品住宅开发项目中建设的共有产权房，由政府统一回购、供应。在具体安排上，对基准地价低或原地回迁安置量少的地块适当多安排，避免弱势群体的过度集中。

共有产权经济适用住房单套建筑面积，家庭人口 3 人以内（含）的，控制在 60 平方米左右；4 人以上（含）的，可适当放宽标准，但最高不超过 90 平方米。

（8）管理。共有产权住房的维护按谁使用谁负责的原则，由购买家庭完全负责住房维护。在取得完全产权之前，共有产权住房不得用于出租经营。

（9）退出方式。购买共有产权经济适用住房未满 5 年（以房屋权属登记日为准），不得直接上市交易。满 5 年的，可以上市交易。购买共有产权经济适用住房的家庭，可以分期购买国有产权部分，形成完全产权；也可以不购买一直住下去。自房屋交付之日起 5 年内购买政府产权部分的，按原供应价格结算；5 年以后 8 年以内购买的，按原供应价格加第六年起的银行同期贷款利率（市场价低于原价或此价时取低价）购买；8 年以后购买的，按届时市场评估价格（不含房屋装饰装修费用，同时须经共有产权人确认）购买。出售时与此类似，7∶3 共有产权房，出售所得（评估价）的 70% 归个人，30% 归政府，并纳入市保障性住房专项资金账户进行管理。

（三）经验、问题与启示

淮安市共有产权住房实践的主要经验是，在全国率先将经济适用房的土地性质由划拨改为出让，由政府资助被保障家庭购买普通商品住房形成共有产权，将无法量化的保障房有限产权变为比例明确的商品房共有产权，从而做到了社会保障与市场、法律的接轨。该模式通过退出机制反制准入机制，在一定程度上制约了因退出机制无法合理量化操作而导致弄虚作假、寻租套利等难题，使有限的公共资源能更多地惠及中等偏低收入家庭。

淮安市共有产权住房实践存在的问题主要有以下方面。

一是共有产权住房制度设计较为复杂，不易为普通大众所理解，无形中增加制度运行成本。相对于传统经济适用房，共有产权住房有更为复杂的产权份额设计及权利义务划分。在淮安拆迁安置中实施共有产权时，两个熟悉政策的政府工作人员，需要两个工作日以上才能让被拆迁安置户大体明白其中的机理。

二是共有产权住房制度本身不能有效堵塞保障房实践中的各种寻租、套利、骗购行为。虽然共有产权住房将政府的保障性投入已经显化为政府的产权份额，在一定程度上规范了保障房的退出程序，但由于政府对私自转租、阴阳合同等行为的监管能力极其有限，而对收入改善后仍长期自住套利则基本无能为力。政府投入虽然有了量化的份额，但个人仍可以通过多种途径将政府投入事实占为己有，因而其他保障房所具有的套利空间在此仍然存在。

三是融资问题不易解决。在具体项目实施过程中，存在项目贷款门槛高、贷款难、成本高等问题。从目前融资工作的实际操作来看，项目前期涉及大量房屋征收和土地整理等费用，项目贷款条件还要与商品房贷款条件一样“四证齐全”，不符合银行融资的相关规定的，均需要项目实施单位自筹解决。目前国家保障性住房每年的建设任务量都很大，当年开工的项目也比较多，涉及项目开工前期投入资金大，资金问题不能及时解决，加大了保障性住房实施难度。在实际融资过程中，贷款利率为国家基本利率上浮 30%，信托的利率一般在 15% 左右，较高的融资成本，加大了项目运作的难度，增加了建设成本。一部分有购房意愿的困难群众购房能力弱，买不起房，同时各种商业银行又不愿意向这部分群体提供贷款，银行即使提供贷款，也对收入、年龄等设置了过高门槛，使想贷款的人贷不到款。

四是采取土地出让方式建设的共有产权住房无法享受经济适用房优惠政策。目前的政策是，必须划拨土地建设经济适用房才能享受税收相应减免，包括 5% 左右的营业税，这也增加了开发成本。

五是所有的制度设计均建立在房价持续上涨及政府垄断土地一级出让的基础上，未给市场形势变化及制度环境改变预留空间。

淮安市共有产权住房实践的启示主要有以下方面。

一是通过引入共有产权机制，将政府的保障性住房投入显化为政府份额，可以在一定程度上规范保障房的退出机制。共有产权住房也堵塞了部分人通过非常规手段获得保障房后，将政府保障性住房投入迅速套现的漏洞。

二是在住房制度的设计中，政府与市场之间，可以通过共有产权制度来衔接。当被保障家庭在收入条件发生变化时，能便利地从原有的保障形式中退出。淮安市共有产权住房兼具普通商品房与保障性住房的属性，当个人购得政府份额后，该住房即可以直接按商品房规则进行交易。

三是与政府保障强度相适应的准入审核机制是共有产权住房制度成败的关键。共有产权住房套利空间主要取决于其预先设定的保障强度（或政府投入强度）。不能对共有产权住房制度堵塞保障房寻租、套利空间的能力抱有不切实际的幻想。共有产权住房保障强度（或政府投入强度）越高，其准入审核机制相应地越严格，否则共有产权住房也难免沦为少数人牟利的工具。

第七章 中国房地产市场周期与波动

一、中国住房市场会重蹈20世纪日本的覆辙吗

在20世纪80年代，基于日本人多地少及经济起飞的事实，很少有人认为日本的房价会大幅下跌。随着房价的不断上扬，1991年日本住宅地价格指数达到1980年的2.08倍，1970年的5.87倍，其中六大都市的住宅地价格指数1991年为1985年的2.69倍，1980年的3.53倍（见图7-1）。在三大都市圈中，东京都区部住宅地价格指数1988年为1985年的2.93倍（见图7-2）。有一个描述当时地价之高的形象说法是，1989年作为东京地标之一的东京帝国广场下面1平方英里土地的价格高于整个加利福尼亚州的土地总值，而一个东京都的土地总值相当于美国全国的土地总值。

但进入20世纪90年代以后，日本房地产泡沫开始破灭。日本住宅地价格指数从1991年的126.1点一路跌至2008年的72.7点，跌去了42.35%。其中六大都市住宅地价格指数的波动要远大于全国平均值，从1991年223.4点的高点跌到2005年77.6点的低点，共跌去了65.26%。在三大都市圈中，东京都区部住宅地价格指数从1988年294.4点的高点跌到2004年90.1点的低点，跌去了69.4%。伴随着房

地产市场和股票市场泡沫的破灭，日本经济陷入衰退，整个 20 世纪 90 年代被称之为“失去的十年”。

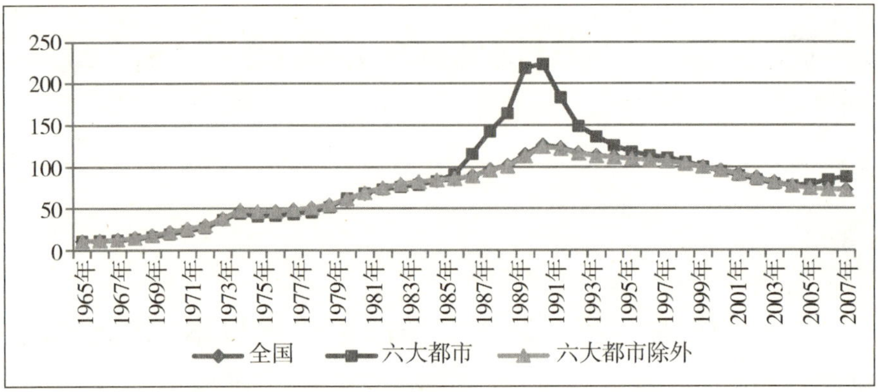

图 7－1　日本城市住宅地价格指数（2000 年 3 月末＝100）

注：六大都市为东京都区部、横滨、名古屋、京都、大阪和神户。

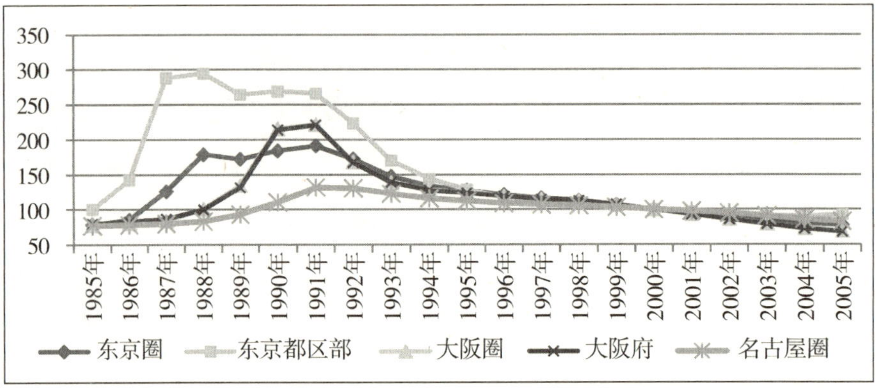

图 7－2　日本三大都市圈城市住宅地价格指数（2000 年 3 月末＝100）

数据来源：日本政府总务省统计局。

日本的经验表明：房价并非只涨不跌，而是具有非常强的波动性，并不是城市经济越发达、人口越多房价就越抗跌，东京都区部房价的跌幅就居于三大都市圈之首，而六大都市房价的跌幅又要远高于全国跌幅。

对于我国未来房价是否会出现日本式的泡沫破灭过程，还存在一些争议。有学者认为我国住房市场累积泡沫过大，正在重走日本的旧路；也有学者认为中国市场与日本市场不能进行简单的对比，而需要做进一步的分析。尽管在人多地少这点上，中国国情与日本国情具有一定的相似性，但有所不同的是，日本的房地产泡沫出现在城市化进程基本结束以后，城市人口相对稳定，房价累积泡沫过大而没有相应真实的需求作为支撑，此外，日本政府的挤泡沫政策也应为房价的大跌负较大责任。而中国的情况有所不同，一方面房价大涨出现于快速城市化的进程中，城市的人口规模具有不断膨胀的趋势，不断涌入的外来人口形成的刚性住房需求使得房价即使存在泡沫也不容易破灭；另一方面有日本经验为鉴，中国政府的政策手段也更为理性，一般不会去主动刺破泡沫。

但无论如何，泡沫越大，泡沫破灭的风险也越大。城市化进程会出现反复与波折，经济增长也存在周期性波动。保持房价的增长速度与收入增长的速度相适应，避免住房被过度投机炒作，是维持住房市场健康发展的关键。

二、房价到了崩盘的节点吗

2014年以来，房地产市场的低迷形势开始由三、四线城市向一、二线城市蔓延，悲观情绪也随之不断累积，关于楼市或将崩盘的猜想正在发酵之中。为应对市场不景气，南宁、天津、杭州、无锡等城市都纷纷用不同的方式谋求“救市”，而放宽限购政策是其首要手段。本轮房地产市场调整的底部究竟在哪里？楼市是否存在崩盘的可能？地方政府的“救市”行为是否应及时制止？这些问题都非常值得我们探究。

首先，需要明确的问题是，本轮房价下跌的主要动力是什么？是因为经历了疯狂的房地产热后，住房已经严重供大于求，累积的大量供应购房者无法消化吗？答案是否定的。本轮房价下跌的主要原因，不是来自供大于求的事实，而是来自人们对房地产市场可能严重供大于求的恐惧。至于房地产市场的真实供求状况，很遗憾目前仍然是个“黑箱”。到底我们需要多少住房，目前市场存量及可售量有多大，相信没有人能真正弄明白。正因为住房真实供求状况仍然是个“黑箱”，所以这种基于猜想的恐惧才是最具杀伤力的。与大蒜等部分农产品市场一样，房地产市场具有天然波动性特征。阶段性的供大于求与供不应求相互交替，构成房地产市场的全部发展史。本轮的房地产市场调整，从真实供求缺口看也许和2008年及2011年的调整并无特别大的区别。但在房地产供求信息极不透明的条件下，人们出于对房地产泡沫破灭的本能恐惧，很可能使市场短期内产生急剧下挫的动力。在经历了2013年过度乐观的退潮后，一边倒式的观望、恐慌性的抛售等都将使阶段性的供大于求进一步深化。

其次，本轮房价下跌将持续多久？中国房地产市场会崩盘吗？如前所述，如果不考虑政府可能采取激进救市行为，人们出于对房地产市场“黑箱”负面猜测所形成的本能恐惧，房地产市场在短期大幅下挫是完全可能的。但这个时间不会持续太久，短则一年，长则两年，这是由人性对恐惧情绪的本能厌恶所决定的。之后，集中观望期将结束，房地产市场进入新的阶段。

进一步的问题是，这个短期下挫之后的阶段是持续衰退与萧条，还是新一轮的上升周期？这主要取决于两个因素：一是人们改善住房条件的动力是否衰竭。当经济发展到人们有足够的财力承担住房建筑成本时，人们对住房的需求到底有多大，很大程度上取决于人们对它的欲望有多大，而并非像通常所认为的取决于某一客观界限。二是中国的人口大规模迁移是否出现拐点或逆转，比如逆城市化、郊区化或逃离“北上广”成为新的风潮？

一方面，关于人们改善居住条件的动力，目前还远看不到衰竭的迹象。住房市场不仅仅意味着 GDP 增长和地方财源，它更承载着国人的小康梦想。中国城镇人均住房面积虽然达到 30 平方米左右，但多数人对自身的住房条件难言满足。撇开鸽笼式公寓是当前城镇住宅存量的主体不谈，住小房子的渴求换成大房子，多代共居的希望能够分开居住以减少不必要的家庭矛盾，住公寓的期望住进别墅，住别墅的向往住进富人区，在城市有房还想要在风景区有个度假公寓，这些动力都将推动住房需求不断升级与深化。因此，在可以预见的未来，中国住房市场不会出现断崖式的需求崩溃，但有可能会出现重大结构性调整。

另一方面，从人口流向拐点看，中国作为发展极不平衡的大国，人口的城镇化、大城市化、郊区化、逆城市化等力量是同时并进、共同存在的。北京等大城市的拥堵与雾霾将使当地的富裕阶层家庭对其产生厌恶感，从而激发了大城市郊区化的动力。但是“有人辞官归故里，有人星夜赶科场”，又有不少人口因北京的高收入和高水准公共服务等，而从二、三线城市被吸引过来，将富裕阶层家庭郊区化的空缺弥补。由于人口的城镇化、大城市化、郊区化、逆城市化层层递补、并存交错，因而宏观总量上的人口流向拐点目前其实是不存在的。

从总体看，由于人们改善居住条件的动力仍然存在，人口流向也没有出现显著的宏观拐点，因而中国还不会进入住房普遍过剩时代，但有可能进入结构性过剩时代。从全国看，短期内的市场主动调整不可避免，但还不会进入持续的衰退与萧条。从局部看，住房市场结构性调整动力持续存在，一些低劣开发区域、无增长潜力“鬼城”等，有可能面临毁灭式洗牌。

最后，如何看待地方政府的“救市”行为？地方政府并不掌握金融政策，其“救市”手段，目前主要有两种：一是通过对政策的重新解读，变相放松住房限购等需求行政管控政策。应当说，住房限购仅是一种应对房价过快上涨的应急措施，具有扭曲市场的副作用，不宜长期使用。如果不考虑地方政府的政策动机，仅从行为事实结果看，既然房价过快上涨的条件不存在，通过放松限购促使市场供求机制回归常态，本身无可厚非。二是收紧土地供应，避免供求形势进一步恶化。由于市场本身具有调节机制，房地产市场低迷将使开发商购地动机消失，这一手段其实是形式大于内容。总体而言，地方政府“救市”大多是根据市场形势发展，对行政扭曲市场的纠正，事实上有利于缓解恐慌，避免市场非理性急挫。从宏观看，房地产市场非理性下挫将对各宏观经济部门带来较大冲击，短期难以复原。从房地产市场看，因为暴跌往往会埋下下一轮房价暴涨的种子，所以避免市场暴涨暴跌是非常必要的。地方政府守土有责，其“救市”行为有其客观合理性的一面。尽管如此，房地产政策的调整，不仅要考虑市场的需要，更需要综合考虑政策的延续性和公众舆论的承受力，寻求最佳切入点。

三、长期上涨是中国住房市场的基本趋势吗

继2016年“9·30”新政之后，2017年3月17日，北京楼市调控再度加码。新政要求“认房认贷又认离”，并进一步封堵了“商住房”限购漏洞。继北京市连续出台调控新政后，3月29日，杭州和厦门也在一个月内第二次升级了调控政策。至此，3月已有25个城市启动或升级了楼市调控政策。

3月各地楼市调控小高潮的再度掀起，显然与2月局部地区楼市重新

出现异动有关。中国社科院财经战略研究院大数据房价指数（BHPI）监测发现，2017 年 2 月房价在总体稳定的同时，部分城市调控政策效力有所减退。局部楼市经历短暂沉寂后迅速升温，个别城市出现“二月疯”。BHPI 指数显示，2017 年 2 月，在 30 个样本城市中，有 25 个城市房价环比上涨，其中 19 个环比涨幅在 1% 以上，另有 4 个城市房价环比下跌。25 个环比上涨城市中，有 14 个城市环比涨幅较上月继续扩大，11 个城市环比涨幅较上月收窄。环比涨幅较高，并且涨幅较上月继续扩大的，依次有武汉、北京、青岛、石家庄、广州、济南、成都 7 个城市；环比涨幅较高，但涨幅较上月收窄的，依次有廊坊、重庆、天津、惠州、长沙 5 个城市。此后还有更多的城市加入调控加码行列。

说到房价上涨，人们不可避免地要提及货币放水及饥饿供地，但这只是表层因素。2015 年以来本轮楼市上涨的深层次驱动因素，是城市化进入追求品质的新发展阶段。随着城市对品质要求的提高，城市化成本已经迅速上升。由于现行政策制度下，是否享受城市公共服务与是否购房高度绑定，城市化成本的上升必将体现在楼市的持续发热上。一位新人进入城市特别是特大城市，需要付出比以前高得多的代价来购房。打个不恰当的比喻，中国的城市化进程就像一辆开往春天的巴士。目前已经有大半的人在车上，而还有小半的人仍没有上车。已经上车的人要求进一步提高乘坐舒适性，要求清理各类上车未购票者（无房户）、限制后续上车人数，并扔掉已经存在的大部分临时板凳（各类违建、小产权房、城中村及贫民窟），这势必造成车上空座难求，尚未上车的小半人群要想上车必须支付高价（房价上涨）。胆子大的，可以先高额借贷挤上车再说（高杠杆购房），胆子小的，只能望车兴叹。而对于已经上车的人来说，票价涨上天和他们关系也不大（二手房换购），这是当前中国楼市的基本现状。由于追求城市居住品质是基本的社会发展趋势，且中国城市人口已经占了数量上的优势，所以中国房价上涨的趋势很难扭转。

尽管在房价取代户籍成为新的城市化门槛的今天，房价上涨的趋势很难改变，但住房产品归根到底是个金融产品，卖的是今后数十年的城市预期。没有金融杠杆，是难以支撑高价交易的。这意味着，紧缩住房信贷，对抑制房价有立竿见影之功。而反观北京等城市新出台的调控政策，其中“认房又认贷”措施，将有效降低住房可用金融杠杆。预计随着 2017 年 3 月 17 日以来北京等多个城市对调控政策进一步加码，对稳定热点城市短期楼市将有积极效果。在短期内，主要热点城市房价将进入稳中有降阶段，成交量萎缩。

部分三、四线城市房价有补涨风险。由于目前三、四线城市住房政策导向仍以去库存为主，这些城市购房政策非常宽松，住房可用金融杠杆相对较高。但三、四线城市高库存只是个笼统概念，实际上有些城市库存并不高。即便库存很高，由于市场容量小，只要被投机者盯上，房价也可以在短期内实现翻番，所以只要政策导向不发生大的变化，部分三、四线城市的房价也可能快速上涨。少数紧靠长三角、珠三角的中部城市，以及环京三、四线城市房价，已经开始出现异常上涨。在当前形势下，由于大中小城市住房价差过大，“区域联动”机制将会在一定范围内发生作用。“区域分化”的总体态势，也不能否定“区域联动”这一市场规律的存在。

从短期看，要稳定楼市必须坚持限贷政策，逐步降低投资楼市金融杠杆。即使在库存相对较高的三、四线城市，也应从住房的居住属性出发来制定楼市政策，避免采用鼓励投机、加杠杆的方法来去库存。

从长期看，抑制城市化成本的节节攀升，才能扭转房价上涨趋势。这包括：清理将是否购房与享受公共服务权利相挂钩的不合理政策；推动优质公共资源、大型公共基础设施建设向中小城市及新兴城市倾斜；

适度放缓城市更新步伐等。

四、中国区域住房市场结构转换与动能变化

（一）内外部多重压力下，房价由快速上涨到总体回落

2018 年上半年，在棚改货币化政策驱动及住房投资需求由一线城市向二、三、四线城市扩散的背景下，除一线城市外多数城市房价出现较快上涨。大数据房价指数（BHPI）监测显示，2018 年 6 月 142 个样本城市平均环比上涨 1.62%，房价环比上涨的城市为 119 个，占样本数的 83.8%。与 2018 年 1 月相比，2018 年 6 月 142 个样本城市中有 128 个房价上涨。其中海口、西安、咸阳、重庆、宜昌、贵阳、西双版纳、乐山、绵阳、扬州等 49 个城市涨幅在 10% 以上。

2018 年 7 月 31 日，中共中央政治局会议定调坚决遏制房价上涨后，房价上涨预期有了显著的改变。市场观望情绪增强，投资投机热情下降。房地产调控政策保持了其平稳性与延续性，部分开发商及住房投资者关于调控政策放松的预期落空。棚改货币化政策的调整，对二、三、四线城市房地产热起到了釜底抽薪的作用。复杂多变的国内外经济形势，也使得部分家庭推迟了购房决策。在诸多内外因素的综合作用下，2018 年 10 月，全国房地产市场整体退热，一、二、三、四线城市均稳中有降。2018 年 10 月大数据房价指数环比显示，142 个样本城市房价平均环比下跌0.296%。房价环比上涨的城市为 58 个，占样本总数的 40.8%，比 6 月减少 61 个。

与住房市场退热相伴随的是房价预期的转变。购房者信心指数和经纪人信心指数均降至近 2 年最低点，市场预期不再单一乐观。2018 年

10 月，购房者信心指数环比下降 4. 2%，同比下降 12. 9%，经纪人信心指数环比下降 0. 6%，同比下降 8. 9%，均为 2017 年 1 月以来最低点。特别是经纪人信心指数的下探，反映了市场的实质性降温。2018 年下半年房地产市场的整体趋稳，表明本轮房地产调控政策已经初步获得了实效。这对于防范宏观系统性风险、加快房地产市场长效机制建设具有重要意义。

（二）不同等级城市房价变动的背景差异

分城市看，一线城市由总体缓涨转为集体微降，但房价水平高潜在供求矛盾突出。自 2018 年初以来，一线城市中广州房价较快上涨，北京、深圳房价均有所回升，仅上海房价持续下降。2018 年 6 月，一线城市房价平均环比上涨 0. 525%，其中北京环比上涨 0. 95%，深圳环比上涨 1. 33%，广州环比上涨 0. 43%，上海环比下跌 0. 61%。2018 年 10 月，在中央严控房价上涨的政策背景下，北京、深圳房价回升进程中断，广州楼市由热转冷，上海跌幅有所加大。2018 年 10 月，一线城市房价环比平均下跌 1. 857%，跌幅比上月进一步扩大 1. 3 个百分点。10 月广州、北京、深圳、上海四个一线城市房价均环比下跌，其中深圳环比下跌 0. 83%，北京环比下跌 1. 99%，广州环比下跌 1. 9%，上海环比下跌 2. 71%。

虽然一线城市房价暂时已经得到有效控制，但潜在供求矛盾难以短期缓解。从市场基本面看，一线城市作为中国高端服务业中心、最具人才吸引力的城市群体，居民收入高、人口规模庞大。一线城市住房市场具有供给增长潜力小、需求增长潜力大的特征，住房供求矛盾长期存在。在严厉的限购限贷政策作用下，虽然当前房价上涨得到了抑制，但是住房供求矛盾仍通过一些曲折的形式表现出来。比如住房租金快速上涨等，就在一定程度上反映了一线城市的住房供应偏紧局面。

准一线及二线城市由快速上涨到总体回调，房地产市场对投资需求的依赖度较高。在一线城市严控住房投资投机、准一线及二线城市抢人大战的背景下，准一线及二线城市房价快速上涨，部分城市新房一房难求。2018 年 6 月，准一线城市房价平均环比上涨 3. 1%，其中重庆环比上涨 7. 82%，居涨速首位。二线城市平均环比上涨 1. 09%，其中西安环比上涨 5. 73%，居涨速首位。随着外部经济环境的变化、调控政策的进一步加码及市场短周期接近见顶，2018 年下半年准一线及二线城市房价上涨之势得到抑制。到 2018 年 10 月，准一线城市房价环比平均下跌 1. 415%，跌幅比上月进一步扩大 1. 25 个百分点。除苏州环比接近持平外，重庆、天津、杭州房价均环比下跌。10 月重庆房价环比下跌 3. 57%，下跌速度有所加快。二线城市房价平均环比下跌0. 941%，跌幅比上月进一步扩大 0. 209 个百分点。除了沈阳、东莞、宁波、武汉、无锡微涨外，其他二线城市房价均下跌。西安、青岛、成都等曾经的热点二线城市房价环比下跌相对较快。其中成都环比下跌 4. 34%、西安环比下跌 3. 59%、青岛环比下跌 2. 93%。热点二线城市房价由涨转跌，也带动了周边三、四线城市房价下跌。如成都房价下跌带动周边乐山、自贡、遂宁等地房价下跌；厦门下跌带动了漳州等地房价下跌等。

2017—2018 年，准一线及二线城市的快速上涨，与一线城市住房投资投机需求溢出和三、四线城市住房投资投机需求涌入有很大关系。投资投机需求涌入带来的房价短时间内迅速上涨，使得准一线及二线城市房价与现阶段当地居民收入水平脱节。当住房投资投机需求萎缩或受到政策抑制，房价将大概率出现回调。2018 年 10 月，南京、大连、南通、郑州、长沙、济南、厦门、福州、杭州等多个热点城市房价微跌，重庆、成都、西安、青岛房价出现较快回调。

三、四线城市房价由集体上扬到小半上涨，新房库存水平有望重新回升。近年来，在棚改货币化等强力去库存政策的作用下，三、四线城市新建商品住房总体库存水平较低，这是2018年上半年三、四线城市房价持续快速上涨的重要原因。一、二线城市价格上涨形成的三、四线城市洼地效应，也拉升了三、四线城市房价。2018年6月，三、四线城市房价平均环比上涨1.68%。118个三、四线样本城市中，房价环比上涨的城市达100个，上涨占比85%。

2018年下半年，在房地产市场调控向三、四线城市延伸、棚改货币化安置政策调整、价格洼地逐渐填平的背景下，三、四线城市房价涨速持续回落。2018年10月，118个样本城市中，房价环比上涨的城市仅为52个，上涨城市占比44%。下跌的城市达66个，下跌城市占比56%。10月三、四线城市房价平均环比下跌0.118%，虽然跌幅很小，但反映了市场形势的微妙转变。三、四线城市中，曾经的房价上涨明星城市西双版纳，10月房价环比跌幅居三、四线城市第1名。廊坊、咸阳、乐山、嘉兴等曾经房价涨速居前的三、四线城市，10月房价环比跌幅也位居三、四线城市前列。

另外，2017—2018年上半年三、四线城市商品住房虽然实现了快速出售去库存，但在房价水平处于历史高点的刺激下，住房库存有望再度进入攀升通道。由于就业机会相对较少、公共服务水平相对较低、人才吸引力偏小等原因，存量住房的利用率并不高。已经售出住房的利用效率低，存量空置现象也较为严重，这些因素将抑制三、四线城市住房市场的长期房价上涨。

（三）一线城市或率先复苏

外部经济环境或将改善。2019年虽然国际资本市场仍将继续动荡，但中美贸易摩擦可能会有所缓和，这将在一定程度上改善房地产市场所处的外部经济环境，减弱市场观望情绪。

住房需求管控政策总体仍将延续，同时地方政府将对已经出台的政策作密集的动态微调。基于2018年的房地产市场形势，同年12月中央经济工作会议提出，要构建房地产市场健康发展长效机制，坚持“房子是用来住的、不是用来炒的”定位，因城施策、分类指导，夯实城市政府主体责任，完善住房市场体系和住房保障体系。可见，新形势下“房住不炒”仍是住房政策的前提。对于一、二线城市而言，住房总量不足仍然是住房市场的主要矛盾，住房需求管控政策尚没有整体退出条件。但在房价下跌的背景下，可以因地制宜地调整一些不合适的调控政策，如限售、限价等。对于三、四线城市来说，住房调控政策本来就虚多实少。在市场退热的背景下，也可以抓住时机对一些不合理、不科学、无实效的调控政策进行清理。

住房资金面略有改善。2018年住房信贷市场持续趋紧。虽然国家政策层面对首次购房的支持态度没有发生变化，但市场融资成本的提升，仍导致商业银行自主调高了首套房贷利率。部分开发企业资金链较为紧张，为了生存采取降价促销回笼资金策略，将对二、三、四线城市及一线城市远郊房价形成向下冲击。2019年随着稳健性货币政策的实施，市场利率将有所下降，首套房贷利率大幅上浮现象及大开发商资金面将略有改善，但货币政策仍以防风险为主，“大水漫灌”的现象暂不会出现。

一线城市楼市或将率先复苏。从城市格局看，一方面，一线城市已经进入存量房市场，受开发市场波动及商品房库存变动因素的影响较小，市场变动主要取决于政策特别是融资条件的变化，但政策进一步趋紧的可能性并不大。另一方面，经历了2017年以来的持续调整，一线城市房价风险已经不大。市场复苏目前主要受制于严厉的调控政策及不太乐观的外部经济环境，一旦外部经济环境有所改善，一线城市楼市可能会率先复苏。

二、三、四线城市楼市仍将继续调整。二、三、四线城市大多仍处于增量房市场阶段，一旦销售不畅，住房库存将再度增加，并反过来进一步增强房价下降压力。2017—2018 年，二、三、四线城市房价大都累积了不小的涨幅，客观上也有调整的需要。

第八章　中国住房租赁市场与长租公寓发展

一、长租公寓发展与住房租金上涨

（一）2018 年以来主要城市住房租金涨跌概况

1. 北京、深圳等部分城市住房租金基数高，且涨速也较快

根据对互联网大数据监测分析结果，2018 年 8 月，单套住房月租金中位数（整租，不含资本公寓，下同）前 5 名的城市依次为北京、深圳、上海、杭州、苏州，月租金中位数分别达到每套 6600 元、6500 元、6000 元、4300 元和 4300 元。每建筑平方米月租金前 5 名的城市依次为北京、深圳、上海、杭州、广州，月租金单价中位数分别达到每平方米 92.93 元、89.93 元 、83.77 元、59.26 元和 50.30 元。

部分城市租金上涨较快。与 2017 年 12 月相比，在 29 个重点监测城市中，2018 年 8 月租金涨幅在 6% 以上的，从高到低依次有惠州、苏州、中山、北京、深圳、珠海、重庆等 7 个城市。其中苏州与 2017 年 12 月相比累计上涨 9.76%、北京累计上涨 7.46%、深圳累计上涨 7.02%。

2. 多数重点城市租金上涨，少数城市租金下跌

在监测的29个重点城市中，与2017年12月相比，2018年8月郑州租金下跌了10.6%，西安租金下跌了2.18%，还有东莞、厦门、廊坊、佛山、广州5城市租金涨跌幅在1%以内。此外的22个城市，均有1.4%～15.9%不等的租金涨幅。

3. 2018年7月租金环比上涨较快，8月有所回落

与上月相比，2018年7月29个样本城市租金平均环比涨幅为0.86%。其中环比涨幅在2%以上的有苏州、东莞、中山、深圳、合肥、无锡等6个城市；环比涨幅在1%～2%之间的有上海、重庆、烟台、北京、大连、杭州、南京等7个城市。2018年8月，29个样本城市平均环比涨幅降为0.43%。东莞、郑州、深圳、合肥、无锡、上海、重庆、烟台、北京、大连等城市租金涨速均有所回调。8月租金涨速回落，既与就业、入学等季节性租房需求接近尾声有关，也受到各地方政府对租房市场干预的影响。

（二）部分城市租金上涨的主要原因与问题

1. 借助国家对长租公寓的融资政策优惠，大量资本进入以转租为主业的“二房东”市场，并进而利用资产证券化撬动更大的资本

相对于重资产的长租公寓，轻资产的转租公司更受资本追逐。考虑到长租公寓住房租金收益率低、成本回收期长的特性，国家政策层面对发展长租公寓给予了充分的金融政策支持。但由于现阶段租金收益率偏低，资本市场对于运营真正意义的长租公寓并没有足够兴趣。资本大都是假借对国家长租公寓的政策支持，进入了实际以转租为主业的“二房东”市场。具体来说，一些“资本公寓”大量融资从分散的个人房东手中租得短期房源，再加价转租给个人，并将转租的租金收益包装为分

期贷款，进而打包成资产支持证券ABS出售，实现滚动式的证券融资和市场份额扩张。从性质上看，这类“资本公寓”没有物业产权，不具备长期稳定房源，属于轻资产的转租公司而非真正的长租公寓。但由于转租业务的轻资产特性，这一市场很容易为资本所撬动。在国家严控资本进入商品住房市场的背景下，资本实际上也正大量进入“二房东”市场。

以“资本公寓”代表“自如”为例，除2018年1月“自如”获A轮融资40亿元外，截至目前以租金贷款为底层资产，已经累计发行价值超10亿元的资产证券ABS。2017年8月15日，“自如”发行了“中信证券—自如1号房租分期信托受益权资产支持专项计划”，发行规模为5亿元。2018年5月及7月，“自如”又分别发行了“自如2号”的第一期、第二期资产证券ABS。在具体操作层面，“自如”首先通过按月支付租金的方式高价租下个人房东的房源，然后将房源加价转租，并通过通道方和租户签订贷款分期合同，间接向租客发放租房分期贷款。在拿到以租房分期贷款为底层资产的资产证券化融资后，又将此作为本金，继续租下更多的个人房源，通过资本杠杆，实现几何式扩张。

在“资本公寓”中，通过这一模式进行快速扩张的并不只是“自如”一家。另一“资本公寓”代表“蛋壳”在获得1亿美元B轮融资不到3个月后，2018年6月再次完成7000万美元B+轮融资。2017年2月，“魔方公寓信托受益权资产支持专项计划”在上海证券交易所挂牌上市。2018年8月7日，发行规模为2.035亿元的“天风—蛋壳公寓信托受益权资产支持专项计划”项目成立。

2.“资本公寓”加价争夺房源行为，已经显著推高了部分城市的短期租金

“二房东”式“资本公寓”运营成本极高，如实现大规模扩张将推高租金。“资本公寓”从事的个人住房转租业务具有房源高度分散、同质性差等特征，需要投入大量人力物力进行运营管理。从个人房东手中获得房源也需要承诺一定的市场溢价。除此之外，“资本公寓”还要承担较高的资金成本，因而其运营总成本将远高个人散租。最终，“资本公寓”只能通过加价快速争抢房源方式，实现垄断市场操控租金，进而将高额运营成本向消费者转嫁。以北京为例，资本公寓“自如”已经占据了相当的北京租房市场份额，掌握了一定的定价权。从 2017 年 12 月至 2018 年 8 月，链家网（占北京租房中介市场份额 75% 以上，与资本公寓“自如”同一实际控制人）各月底截面房源去重后的累计数为：中介代理房源 48457 套，“自如”整租房源 9776 套、“自如”合租房源 24539 间。将合租房源除以 2.2 折算为整租房源后，中介代理房源与“资本公寓”自营房源的比例为 1∶0.43，这一比例已经足以获取市场定价权。

从租金上涨情况看，北京“资本公寓”自营房源的租金涨速，要远高于中介代理房源租金涨速。与 2017 年 12 月相比，北京 2018 年 7 月“自如”房源租金上涨 13.04%，其中“自如”合租房源租金上涨 13.96%。而同期中介代理房源租金涨幅为 7.32%，显著低于“自如”房源。从环比看，与 2018 年 6 月相比，2018 年 7 月北京“自如”房源租金环比上涨 3.4%，其中“自如”合租房源租金环比上涨 4.23%，而同期中介代理房源租金环比仅上涨 1.3%。上海、南京的租金上涨结构与北京大体类似，资本公寓的租金涨速要高于中介代理房源租金涨速。

当然，短期内“资本公寓”是否推高租金，还取决于市场份额、市场结构等诸多条件。在成都、杭州、深圳、天津、武汉等城市，从租金数据上看，目前尚没有发现“资本公寓”推高租金的显著证据，但这并不代表未来条件具备“资本公寓”不会推高租金。

3. 大城市存量住房总量不足，房租存在上涨压力

以北京、上海为例，据大数据统计，北京目前有各类城镇住房约703.4万套，按每套3人计可容纳2110.2万人。而北京2017年末常住人口为2170.7万人，比合理容纳量还多出60.5万人。上海目前有各类城镇住房约735.46万套，按每套3人计可容纳2206.38万人，而上海2017年末常住人口为2418.33万人，比合理容纳量多出211.95万人，从人口数量看均存在一定的住房缺口。考虑到为了维持住房市场的正常流动性，还需要保持一定比例的必要住房空置，住房的总量短缺程度比前述直接计算的数据要更大。成都、杭州等二线城市住房总量供求状况也相对偏紧，从总量角度看并不存在大量空置的可能性。如成都目前有各类城镇住房约528.3万套，以每套3人计可容纳1584.9万人，而2017年末成都常住人口为1604.5万人。

（三）对策与建议

1. 区别真正意义上的长租公寓与转租公司，实行差别化金融支持政策

在融资支持政策上，要区分重资产的长租公寓和轻资产的转租公司。将融资优惠政策主要用于支持产权式、集中式的真正意义上长租公寓的发展，同时严格控制“二房东”式转租公司的资产证券化融资。目前市场上大多数“资本公寓”虽然自称为“长租公寓”，但实际上仍属于无长期稳定房源、无住房产权的轻资产转租公司，并非真正意义上的长租公寓。给这类“资本公寓”金融支持并不能真正增加市场供给量，还可能带来较大负面效应。

出于生存需要，加价争夺存量房源将成为转租式“资本公寓”重要经营策略，而证券融资又将作为其重要杠杆。与个人自主出租相比，

转租式“资本公寓”其实际运营成本很高，这些高出的运营成本，最终需要通过加价的方式转嫁给消费者。而是否成能功转嫁，又取决于其市场控制力。

转租式“资本公寓”证券融资还隐含较大金融风险。这类“资本公寓”发行的资产证券化产品并没有产权资产作为抵押，仅以租金差价作为真实的底层资产。由于对应底层资产的不稳定性，这类资产证券化产品也存在较大的金融风险，在操控租金失败的条件下具有崩盘的风险。

2. 防范资本中介对房源的垄断性控制，优先保护租房者的合法权益

在租金快速上涨的条件下，一方面需要防范中介或租赁公司对房源或信息的垄断性控制，大力规范市场秩序，重点治理中介或租赁公司以下行为：反复骚扰房主，干扰房主通过正常渠道发布直租房源的行为；发布虚假房源信息的行为；利用资本杠杆垄断区域房源操控租金的行为；以高于市场水平的租金或哄抬租金抢占房源行为；通过提高租金诱导房东提前解除租赁合同等方式抢占房源行为等。

另一方面需要借鉴国际惯例，对租房者的合法权益给予优先保护，重点防治以下行为：设置租房合同陷阱和霸王条款行为；收取高额押金或变相克扣押金行为；诱导、哄骗租客将租金转为贷款分期的行为；暴力驱赶租客行为等。

3. 多渠道扩大租赁房源供给

具体措施包括：加快对集体土地建设租赁住房试点的推广；对利用工商业闲置建筑改造为长租公寓，给予更多的规划、土地利用、税收政策支持；出台可行性细则，支持企业单位利用闲置土地建设租赁型职工宿舍；放宽对商品住房的价格管制，让更多的待售商品住房进入市场等。

二、租购房同权与住房租金上涨

党的十九大报告提出要“坚持房子是用来住的、不是用来炒的定位，加快建立多主体供给、多渠道保障、租购并举的住房制度，让全体人民住有所居”。发展住房租赁市场，已经被作为完善住房市场长效机制的重要组成部分。而住房租赁市场的发展，又需要以租购房同权等为制度基础。如果仍然将租房市场和产权住房市场割裂开来，原本可以选择租房的家庭将被迫购房，租房市场是难以得到发展的。租购房同权，既是中国住房制度改革的重大突破之一，更是社会文明发展的一个重要标志。

尽管租购房同权是社会历史发展的必然趋势，但也有不少人担忧当前条件下，租购房同权是否存在推高租金的可能性。从土地经济学理论推断和具体实践层面看，这个可能性确实存在。为稳定住房市场租金，短期需要通过合理的政策制度设计，避免租购房同权后新的级差地租的产生。长期需要扩大基本公共服务的供给，增加租赁住房供给，夯实租购房同权的经济基础。

（一）租购房同权的历史进步意义

以子女入学这一最重要的基本公共服务权利为例，相对于特权入学及购房入学，租购房同权无疑具有重要历史进步意义，有利于国家民族的长远发展。

从某种意义上说，根据住房产权就近入学，相对于按照权力或身份入学，也是一个社会进步。从特权入学到购房入学，表明了社会由崇尚权力向尊重财富的转变。在严格购房入学之前，即使家庭财富再多，如果没有相应的权力或社会关系作为铺垫，子女也很难进入名校就读。而在严格购房入学制度下，只要能够买得起学区房，子女入学问题就能迎刃而解。在此，权力或身份并不起到唯一性、决定性的作用。家庭财富多寡对于优质基础公共服务的分配起到了决定性作用。

虽然严格的购房入学制度相对于权力或身份入学有一定的社会进步意义，但是，它仍然是一个相对落后、与当前经济社会发展水平不相符的社会制度。因为它直接对应的是义务教育，关系到社会的起点公平。如果起点公平没有基本的保障，越穷的家庭所能享受的基本公共服务也越差，这实际上是一种劫贫济富的制度，与基本公共服务的理念相悖，将极大妨碍国家民族的长远发展。

租购同权不能用来且不应当用来解决教育资源分配不均衡问题。以“就近入学”为目的将儿童入学资格与购房挂钩，则只是简单地将教育资源分配矛盾转移到了住房市场上。这不仅不能真正解决优质教育资源分配难题，还使本来就矛盾尖锐的住房部门更加成为矛盾的焦点。基础教育资源分配问题最终应由教育部门设法公开公平解决。家庭资产多寡、生源素质高低等都不应当作为优质基础教育资源分配的标准。住房市场既没有办法，也不应当替教育部门来解决这个问题。

从长远看，租购同权即使不会最终消除学区房，也会改变学区房市场格局，减少住房市场扭曲，社会分化加大是学区房存在与发展的大背景。由于社会分化的客观性，租购同权并没有办法消除学区房的存在，但租购同权会大大降低住房市场扭曲程度，从而改变学区房的格局结构。“老、破、小”等居住功能极差的学区房可能会大贬值，地下室、过道、厕所等曾具备学区房功能的不动产将失去流动性，部分被恶炒的热门学区房将面临洗牌。

租购房同权的最大受益者，不是子女打算上名校的家庭，而是租房上普通学校的家庭。租购房同权后，这部分人虽然买不起房，但子女仍可以随父母在就业地租房入学，从而避免了“留守儿童”等人伦危机。租购同权符合市场经济规律，契合社会公平正义。

（二）租购房同权后租金上涨的可能性

2017 年 7 月中旬，住房和城乡建设部等八部委联合印发了《关于在人口净流入的大中城市加快发展住房租赁市场的通知》，要求在人口净流入的大中城市加快发展住房租赁市场，并选取了广州、深圳、南京、杭州等 12 个城市作为首批开展住房租赁试点的单位。2017 年 7 月 17 日，广州市政府发布《广州市加快发展住房租赁市场工作方案》，明确提出“租购同权”，赋予符合条件的承租人子女享有就近入学等公共服务的权益。

租购房同权后，由于现阶段“租房市场”内部结构较为复杂，在“租房市场”内部可能会产生新的级差，从而造成租金上涨。新的租房“级差”的形成，其最直接原因是租购房同权后，优质学区出租房和一般学区出租房、正式出租房和非正式出租房之间可能享受着不同的公共服务权利。而租房“级差”形成的深层次原因，则是基础公共服务供给的不均衡、不充分。

根据古典经济学及马克思的级差地租理论，房屋租金主要来源于房屋之间区位（及其他重要因素）的差距。市中心的住房显然能比市郊的同等住房要求更多的租金，毗邻地铁站、学校等的住房也往往租金不菲。而居住在城市最边缘的人群不需要支付级差地租，所谓的“房租”实质上主要是建筑物的折旧。从理论上看，租购房同权是否会推高租金，关键要看租购房同权是否会形成“出租房”之间新的“等级差别”。

租购房同权后，在“租房市场”内部，可能会产生两类新的“级差”，这两类新的“级差地租”如果形成，都将推动租金的上涨。

第一类级差是优质学区出租房与一般学区出租房的级差。租购房同权之前，租房家庭的子女都不能享受与购房家庭子女同等的入学权利；租购同权后，租房家庭的子女都拥有了与购房家庭子女同等的入学的权利。可以说，租房家庭子女享受的公共服务权利都发生了由无到有的提升。但租房家庭之间是否因此形成显著的等级差别，则取决于相应的制度设计。一般而言，由于多数出租房屋并无名校学区，这些出租房屋间享受的公共服务权利差距总体接近于零。至于名校学区，入学条件更为苛刻复杂，仅凭租房能入学的可能性也微乎其微。总体而言，租房家庭之间由此形成显著的等级差别的可能性并不大。如果通过合理的制度设计来保障优质基础教育资源分配的公平性，则可以进一步降低由此推高租金的可能性。

第二类级差是正式出租房与非正式租赁住房的级差，这类级差是显著而巨大的，将构成推动租金上涨的直接主要动力。在农村人口大量转移和快速城市化的背景下，各大城市内均存在一个庞大的非正式租房群体。在租购同权政策实施层面，这一群体属于被遗漏的对象。从政策实施者的角度看，他们既没有买房，也没有租房，他们完全“隐身”。但他们也没有真的流落街头，他们又实实在在地生活在这个城市。他们“租住”在城中村、小产权房、地下室、简易房等各种非正式出租房之中，他们不能提供正规的租房发票、租房完税证明。当然他们寄居于此并不是为了逃避相关监管，而仅仅是因为家庭收入较低。他们并不是为了低效率过剩产业而存在，他们也是整个城市正常运转所必不可少的一部分。

可见当前特殊历史阶段，在实施层面存在两种截然不同的“租赁房”。

一种是正式出租房，能提供租房发票、完税证明，能在住房租赁监管平台合法登记备案，租购同权后有望享受与自有产权房同等公共服务权利。如根据北京市八部门2017年9月28日发布的《关于加快发展和规范管理本市住房租赁市场的通知》，租房家庭子女接受义务教育需要连续单独承租并实际居住一定年限，且在住房租赁监管平台登记备案，其他各城市的政策也大同小异，一般只有租住在商品住房或政府租赁房内，才可以享受这些公共服务权利。

另一种是城中村、小产权房、地下室、简易房等非正式租赁住房，这些“租住”在非正式租赁住房中的家庭也是城市不可或缺的“新市民”。但他们不能提供正规的租房发票、租房完税证明，没法在住房租赁监管平台上登记备案，租购同权后也不能同等享受基本公共服务。

显然，租购房同权之前，这两种“租赁房”都难以享受基本公共服务，差别主要在于舒适度。租购房同权之后，“租住”这两种“租赁房”的差别就不仅仅在于舒适度，至少还包括子女的基础教育。从现实角度看，为了下一代的未来，为了避免留守儿童的危机，这些原居住于非正式出租房中的家庭都将有更大的动力竞租正式出租房。供求规律将发生作用，租金将因此被推高。从理论角度推断，有了这两种“出租房”之间新的巨大等级差别，根据级差地租理论，正式出租房必然会要求租房者支付更高的租金。

总之，租购房同权后，如果正式出租房可以享受购房同等的基本公共服务，而非正式出租房继续无法享受基本公共服务，则正式出租房的房租可能会因需求增加而上涨，租赁新政的推行将因此增加新的阻力。反之，如果租住在非正式出租房中的家庭也能同等享受子女入学等公共权利，则租购房同权并不会产生此类新的等级差别。根据级差地租理论，租金也不会因此而推高。

（三）对策建议

租购房同权是一项利国利民的重大政策，但如果因实施不当而推高了住房租金，则难免会引起社会各界的猜疑或误解。为避免租购房同权后租金上涨，提出以下应对措施：

一是加大政府对基本公共服务投入，多渠道扩大基本公共服务供给。租购房不同权的一个重要现实原因是基本公共服务供给不足，难以满足各类家庭的需求。可以说，基本公共服务供给不足，是租购房同权后租金可能上涨的最根本原因，这需要不断扩大基本公共服务供给。扩大基本公共服务供给，首先需要合理划分各级政府的财权事权，以人口流入地为重点，加大政府在基本公共服务方面的投入；其次需要破除制度障碍，多渠道吸引社会资本参与基础公共服务领域投资，鼓励扶持民间资本投资基础教育等，从而不断扩大基础公共服务的供应能力。

二是适时将租购同权进一步升级为公共服务国民待遇，消除“租赁房”市场内部新的巨大等级差别，让“租住”在城中村、小产权房、地下室、简易房等各种非正式出租房之中的家庭也能同等享受基本公共服务。这样不仅可以避免形成新的级差地租，从而稳定城市住房短期租金，促进租赁新政的推行，还能提高国民整体素质、促进社会公平，进而助力于国家、民族的长远发展。

三是做好农村集体经营性建设用地建设租赁住房试点，扩大租赁住房供给。住房市场的稳定为加快住房制度改革和完善住房市场长效机制创造了宝贵的时间窗。2018 年是中国住房制度改革的攻坚年与关键年，而土地制度特别是农村集体土地制度改革是决定住房改革成败的关键性制度。利用农村集体经营性建设用地建设租赁住房是一项具有伟大历史意义的改革尝试，它同时涉及集体土地开发利用和发展住房租赁市场两大长效机制关键性议题，如果运用得当，就可以以较低成本扩大租赁住房供给，从根本上改变中国城市住房市场的高房价格局。短期内需要在总结经验基础上稳妥有效推进，同时注重解决好如何与“小产权房”划清界限这一难题。

四是建立制度，保障优质基础教育资源的公平分配。租购房同权后，为进一步避免学区房投机或租金上涨，优质学（片）区还可以实施多校划片、优劣学校相互搭配的办法。在此基础上，优质学校的录取采取电脑抽签或综合评分法。综合评分法的标准应与住房条件或生源素质无关，但应有利于降低社会成本。比如借鉴香港经验，如有兄弟姐妹在该校就读，可以赋予一个较高的分值。

三、资本公寓扩张中的金融风险

2018 年部分城市租金较快上涨，使得租房市场再次获得社会各界高度关注。

（一）国家对发展长租公寓的金融政策支持

“租购并举”是住房长效机制的重要组成部分，国家层面对租房市场的政策支持力度不断加大。特别是对于长租公寓的发展，考虑到其租金收益率低、成本回收期长的特性，相关部门给予了充分的金融政策支持。2018 年 4 月，证监会和住建部发布《关于推进住房租赁资产证券化相关工作的通知》，提出加快培育和发展住房租赁市场特别是长期租赁，支持专业化、机构化住房租赁企业发展，鼓励发行住房租赁资产证券化产品。2018 年 5 月 28 日，银保监会发布《关于保险资金参与长租市场有关事项的通知》，对保险资金进入长租市场划定了一系列标准，并指出保险资产管理机构通过债权投资计划、股权投资计划、保险私募基金等方式投资长期租赁住房项目的，相关注册机构应建立受理及注册绿色通道，优先受理。

（二）资本公寓扩张中的金融风险分析

由于现阶段租金收益率偏低，虽然政策层面给予了较大力度支持，资本市场对于运营真正意义的长租公寓并没有足够兴趣。相对于重资产的长租公寓，轻资产的转租公司更受资本追逐。借用国家对长租公寓的融资政策优惠，大量资本进入以转租为主业的“二房东”市场，并进而利用资产证券化或网贷平台，撬动更大的资本。从本质上看，这类“资本公寓”没有物业产权，不具备长期稳定房源，属于轻资产的转租公寓而非真正的长租公寓。但由于转租业务的轻资产特性，借助国家金融政策支持，这一市场很容易为资本所操控。在国家严控资金进入商品住房市场的背景下，各路资本实际上也正大量进入“二房东”市场。由于这类“资本公寓”普遍具有轻资产、高杠杆、高运营成本等特征，蕴含的金融风险十分巨大。

评判“资本公寓”的金融风险，离不开对其具体运作方式的剖析。在操作层面，“资本公寓”一般首先通过按月支付租金的方式，从分散的个人房东手中，高价租下 3 ~5 年不等的短期房源，然后把住房加价转租给最终租客，并将转租的租金收益包装为租金“分期贷款”。对于有实力的“资本公寓”，一般委托通道方和租户签订贷款分期合同，间接向租客发放租房分期贷款，进而以租房“分期贷款”作为名义上的底层资产，发行资产支持证券 ABS 融资。在获得资产证券化融资后，又将此作为本金，继续租下更多的个人房源。对于没有足够实力的公司，不能发行资产支持证券 ABS 融资。这些公司主要通过与网贷平台等短贷机构合作，将年度租金收益以租户“分期贷款”的形式，从短贷机构一次性获取。但无论是有实力发行资产证券的“资本公寓”，还是无实力只能与短贷机构合作的“资本公寓”，一般均按月向房东支付租金。同时又通过将最终租户租金包装成“分期贷款”的方式，按年或更长时间获取最终租户的租金。二者区别主要在于融资成本差异，实际杠杆率都很高。从月付租房到年付转租，即使不考虑租房押金，理论上最高也可实现 11 倍的金融杠杆。通过资本杠杆争夺房源，“资本公寓”实现几何式市场扩张。

从以上分析看，租金“分期贷款”虽然有最终租户个人信用作为保障，但这绝不意味着较高的信用等级。由于租金“分期贷款”一般按年或更长时间付给“资本公寓”，而“资本公寓”仅按月向房东支付房租，二者权益并不直接对应。中间的资金差额，“资本公寓”一般用于争夺更多的房源，或者干脆挪作他用。一旦出租率或租金水平不及预期，“资本公寓”不能再按月支付房东租金，整个运作链条就会雪崩。届时房东不能获取租金，租客将面临被驱逐却仍背负租金贷款的局面。证券融资或网贷平台融资以此作为底层资产，基础极不牢固。2018 年 8 月 20 日，杭州“资本公寓”鼎家因经营不善导致资金链断裂，约有 4000 户租客受损，涉及“爱上街”等 6 家网贷平台，为“资本公寓”的快速扩张敲响了警钟。

总之，转租式“资本公寓”，无论是行业龙头公司还是小规模管理公司，无论是资产证券融资还是网贷平台融资均隐含较大金融风险。这类“资本公寓”发行的资产证券化产品或网络贷款，并没有稳定的产权资产作为抵押。它们仅以租金“分期贷款”作为名义的底层资产，租金转租差价作为真实的底层资产。但租金差受到经济增长率、出租率、租金涨跌、市场份额等系列因素影响，对应底层资产具有高度不稳定性。从经营模式看，“资本公寓”从事的个人住房转租业务具有房源高度分散、同质性差等特征，需要投入大量人力物力进行运营管理。从个人房东手中获得房源，也往往需要承诺一定的市场溢价。除此之外，“资本公寓”还要承担较高的资金成本，因而其运营总成本将远高于个人散租。在高杠杆快速扩张的背景下，这类“资本公寓”长期出现经营不善是大概率事件，爆雷或只是时间问题。相关管理部门需要从宏观层面出发，对此风险加以高度防范。

第九章　中国房地产市场未来展望

历史经验表明，房地产业与宏观经济存在一荣俱荣、一损俱损的依存关系。准确把握宏观经济发展演变之脉络，是房地产企业制定科学发展战略并在未来竞争制胜的前提条件。改革开放以来特别是近 10 年，中国经济获得了跨越式发展，目前已经成功进入中等偏高收入国家行列。中国房地产业也经历了黄金 10 年，由一般行业上升为国民经济的焦点行业。未来 20 年，既是中国复兴崛起的关键时期，也是中国房地产业的成熟期。国际经济形势风云激荡，国内经济运行复杂纠葛。如何透过纷纭的经济现象，发现未来经济发展主线，并为我国未来房地产发展战略提供有价值的参考，是本研究的主要目的。

一、2013—2030 年的经济形势变化推测

（一）传统发达国家相对衰落，新兴国家成为世界经济的主要驱动力

1. 传统发达国家相对衰落

自 2008 年金融危机以来，传统发达国家增长乏力，深陷衰退泥潭，投资低迷，主权债务危机依次引爆。预计在未来 20 年，包括美国在内

的传统发达国家将延续目前的经济疲软趋势，经济复苏缓慢，在全球经济中的相对地位逐渐下降。传统发达国家相对衰落的直接原因是，金融危机后，发达国家持续的金融去杠杆化过程造成信用紧缩，妨碍了投资与消费的扩张；沉重的主权债务负担带来政府支出削减与减税困难等后果，这些都严重不利于经济复苏与增长。而在金融危机和主权债务危机背后更深层次的问题是，传统发达国家由于僵化的福利制度及对劳动者的过度保护，导致劳动力成本偏高，劳动生产率提高缓慢，产业竞争力下降，产业长期空心化，财政入不敷出引发经济的不景气与危机。由于体制积弊积重难缓，且改革艰难，无法就有效改革措施取得一致意见采取有力行动，因此传统发达国家的经济竞争力的下降将会长期化。

2. 新兴国家成为世界经济的主要驱动力与新兴增长极

包括中国在内的新兴国家将延续过去十多年的较快发展趋势，尤其是中等收入新兴市场的表现将继续超过发达经济体。未来 20 年新兴国家的经济发展潜力主要来自以下方面：一是新兴国家具有持续的技术追赶潜力；二是新兴国家的农村人口城市化进程仍在继续，这将带来巨大的投资需求与消费需求，并将有效提高劳动生产率；三是新兴国家公共基础设施投资容量巨大；四是新兴国家体制机制较为灵活，不断的改革将释放出持久的经济增长力；此外，新兴国家居民发展经济的积极性也要远高于发达国家。预计到 2030 年，全球经济增长的 2/3（如果不包括中国则是 40%）和全球产出的一半（如果不包括中国则是 30%）来自发展中国家，而且新兴国家将成为世界贸易增长的主要驱动力量。在多极化的世界经济中，较大的新兴市场尤其是中国将成为新的增长极。

3. 贸易保护主义有所抬头，但全球化趋势仍不可抗拒

在全球经济危机与衰退阴影挥之不去的背景下，国际间的贸易冲突加大，贸易保护主义抬头，全球化步伐似乎有所放缓。尤其是受经济危

机冲击严重的发达国家，贸易保护主义情绪加剧。过去 20 年，全世界自由贸易协定增加了数倍。尽管如此，交通与信息技术的发展及全球分工的深化决定了经济全球化的力量仍不可抗拒。今后 20 年，贸易一体化将会增强，生产网络也会进一步扩大。商品、服务、资金、人员和知识的进一步跨境流动仍将会持续增长。跨境生产链将会继续发展，而且行业内及企业内的贸易将会增加。东亚地区内部贸易有可能与欧洲地区内部贸易相匹敌（按占各自 GDP 的份额计算与比较），中美可能仍将是世界上最重要的经济合作伙伴。新兴市场在开放的全球贸易体系中的利益将日益增加。应对诸如气候变化、国际金融稳定、跨国人口流动、全球性流行病、水务管理等全球性挑战，要求人们在跨境和全球治理安排上有新的思路与方法。

在全球贸易继续增长之际，新的增长前沿将是服务贸易。目前，这是全球贸易中增长最为迅速的一个方面。得益于新的信息技术，原先被认为无法进行贸易的一些服务（如医疗和教育）将经常性地进行跨境交易。

此外，在不断寻求提高全球竞争力的过程中，全球产业转移还在进一步推进，且越来越多的是产业内转移。

（二）中国有望跨越中等收入陷阱，成功跻身高收入国家行列

1. 中国有望超越美国成为世界第一大经济体

21 世纪最为重要的全球发展趋势莫过于中国经济的崛起。在今后 20 年，没有哪个国家对全球经济的影响可以像中国一样巨大。中国经济近 30 年的高增长举世瞩目，奠定了目前中国的全球第二大经济体的地位。未来 20 年，依托于城市化、科技创新和产业结构优化，中国经济仍将保持较快增长。中国在世界贸易中的份额可能增加一倍，尽管贸

易顺差缩小，中国仍将可能是世界上最大的债权国。也有人认为，到2030年，中国对全球经济的影响有可能接近英美各自在1870年和1945年时达到的程度。

尽管包括中国在内的新兴市场具有经济快速增长的潜力，但也有分析认为，中国的经济增长速度将呈放缓趋势。首先，随着人口老龄化，劳动力增长速度将会放缓，甚至将会出现负增长，导致抚养比率上升以及储蓄率和投资率下降；其次，尽管新兴市场经济体将继续在制造业保持相对优势，但单位劳动力成本的上升将进一步提高服务业的相对比重，由于服务业生产率增长往往低于制造业，很可能会导致经济增长进一步放缓。根据世界银行报告预计，中国的GDP增长率将从2010—2015年期间年均将近9%的水平，逐步下降到2025—2030年5%～6%的水平（见表9-1）。不过即使中国经济增长像预期的那样发生减速，但到2030年，中国仍将超过美国成为世界最大的经济体。

表9-1　中国经济增长远景展望

年份	2005—2010	2011—2015	2016—2020	2021—2025	2026—2030
GDP潜在增长率	11.2	8.6	7.0	5.9	5.0
就业增长率	0.4	0.3	-0.2	-0.2	-0.4
劳动生产率的增长率	10.8	8.3	7.1	6.2	5.5
投资/GDP（%）	49	42	38	36	34
消费/GDP（%）	47	56	60	63	66

（续表）

年份	2005—2010	2011—2015	2016—2020	2021—2025	2026—2030
工业增加值/GDP（%）	46.8	43.8	41	38	34.6
第三产业增加值/GDP（%）	43.1	47.6	51.6	56.1	61.1
农业就业占比（%）	36.7	30	23.7	18.2	12.5
服务业就业占比（%）	34.6	42	47.6	52.9	59

资料来源：世界银行报告《2030 年的中国：建设现代、和谐、有创造力的高收入社会》。

2. 中国有望跨越中等收入陷阱，成功跻身高收入国家行列

只要中国经济相对平稳运行，不出现大的危机与动荡，即使增长速度有所降低，也足以推动中国于 2030 年左右跻身于高收入国家行列。

当然，中国经济增长确实存在一些潜在的风险。增长速度过度下滑的一个可能原因是宏观经济不稳定带来的冲击，比如房地产价格暴跌，或者建设和投资骤然减速，或者世界发达经济体经济快速恶化导致二次危机，全球贸易和增长急剧下跌。经济增速突然减缓有可能暴露出以前被高速经济增长所掩盖的问题，如银行、企业和各级政府所存在的效率低下或债务问题，从而可能引发财政和金融危机，这种情况一旦出现，对社会稳定的影响就难以预测。不过，中国政府的财政和债务状况使之具有充分地实施反周期政策加以应对的余力，不会对中国的长期增长形

成致命的杀伤力。

此外有人担忧，中国的经济减速过程不一定会平稳进行，如果处理不当，就可能进入结构性的经济停滞阶段，即所谓的中等收入陷阱。在过去的半个世纪，许多国家进入中等收入阶段，但能成功跨入高收入经济体之列的却为数不多。相反，许多中等收入国家往往突然面对增长急剧减速的情况，未能解决导致增长减速的根本结构性问题。政府不以持续的改革来解决结构性问题，而过度使用宏观调控措施来刺激经济，造成通胀和不稳定，进而削弱投资者的信心，并最终导致增长放缓甚至停滞。但要看到，有两个因素决定中国能够成功跨越中等收入陷阱：一是中国制度的特殊性决定政府有足够的动力与能力实施改革政策，增加人力资本投资，强化创新，使经济增长获得新动力；二是中国目前正处于历史上升期的初始阶段，居民发展经济改善生活的欲望非常强烈，将倒逼政府实施持续的有效经济改革。这些因素将使中国成功避开中等收入陷阱，在今后 20 年保持所期望的年均 6% ~7% 的增长率水平。

3. 中国的中产阶层不断发展壮大

劳动生产率提高所导致的工资水平上升将继续推动中国中产阶层的迅速扩大。根据一项估算结果，未来新兴市场的持续快速增长将导致全球中产阶层前所未有地扩大，到 2030 年中产阶层将从 2009 年的不到 18 亿人增至近 50 亿人，其中 2/3 的人将在亚洲。中产阶层的发展扩大将增加耐用品消费，并提高消费占 GDP 的比重，引发对汽车和住房等耐用消费品需求的爆发式增长，全球能源、自然资源、粮食和水资源的供给压力及环境压力将会迅速攀升。此外，正如国际经验表明，中产阶层的成长也会促进改善治理和公共服务，并增进公众的社会权利。

4. 国内市场一体化规模优势凸显，收入区域差异和城乡差异缩小

中国改革的一个重要方面是打破了商品、劳动力及资本流动的地区

壁垒，并建立了全国统一的市场体系。未来20年，中国国内市场一体化程度将加大，作为巨大而统一的市场的发展潜力和竞争优势将进一步显现；高速铁路、高速公路等连接各地区以及沿海和内陆的重大基础设施将发挥重要作用；巨大而统一的国内市场也将使企业得以实现规模经济。

另外，过去20年中国收入差距不断扩大，但目前有一些初步迹象表明收入差距趋稳，甚至可能开始回落。首先，随着产业向内陆转移速度加快，中西部地区经济增长将会继续加速，沿海和内陆地区收入差距将缩小；其次，农村劳动力流动的刘易斯拐点到来，外来务工人员的工资将继续快速上升，从而降低他们和城镇居民的收入差距。

（三）城市化继续成为经济增长的主要推动力，部分中西部城市、中小城镇、卫星城镇崛起

1. 城市化继续成为经济增长的主要推动力

作为中国全球竞争力提升的一个主要推动力，中国的城市化有望继续推进。在今后20年，中国的城市每年将增加相当于目前日本东京市的人口，而城市人口占总人口的比重将从如今的大约一半攀升至2030年的将近2/3，这将成为经济增长的另一个重要推动力。尽管城镇化率预计将继续上升，但随着农业向制造业的结构转型放缓，城乡工资差距将缩小（城乡收入比预计从2010年的3.2下降到2030年的2.4），这一时期城乡人口流动将逐步放缓。

2. 城市群主导中国经济发展

目前中国长三角城市群、珠三角城市群、京津冀城市群三大城市群已经形成规模，成为中国经济的主要支撑。中国未来将形成长三角城市群、珠三角城市群、京津冀城市群、山东半岛城市群、辽中南城市群、

中原城市群、长江中游城市群、海峡西岸城市群、川渝城市群、关中城市群，共同构建中国经济版图，主导中国未来的经济发展。它们将以不到10%的国土面积，承载一半以上的人口，创造2/3以上的GDP，分布着全国80%以上的金融、教育、出版、信息和研究开发机构。未来的世界前10大城市群中，有5个以上可能在中国。

3. 人口老龄化加速，劳动生产成本上升

未来20年，随着人均预期寿命的延长和人口出生率的下降，中国人口老龄化加速，人口红利消失，劳动力成本上升。中国老年人抚养比（65岁及65岁以上人口与15~64岁人口比例）将在未来20年翻一番。到2030年，中国老年人抚养比将达到目前挪威与荷兰的水平。不过，随着人力和物质资本人均水平的持续上升，劳动生产率的水平将会提高。

4. 城市化格局出现新变化，部分中西部城市、中小城镇、卫星城镇崛起

未来20年，大城市对中高收入阶层的吸引力将下降，主要原因包括：一方面，房价快速攀升使大城市生产生活成本提高，交通拥堵、环境污染、拥挤等城市病使富人趋向于逃离大城市，收入水平的提高使大城市较高收入的就业机会退出择业的第一选择，公共基础设施均等化使大城市在基础设施方面的优势地位不再，等等。另一方面，部分基础设施完善、生活环境优越的中小城镇与卫星城镇有望成为新兴富裕阶层的聚集区，实现崛起。此外，劳动力成本上升带来的产业转移，将使中西部城市迎来快速发展。

（四）传统高投入、高增长模式逐渐淡出，以创新为主导的绿色发展模式重要性显现

中国目前的增长模式已经对土地、资源和水等环境因素产生了很大的压力，对自然资源供给的压力也日益增加。今后的出路在于通过采用绿色增长模式，把这些压力转化为经济增长的新源泉，在解决中国自身诸多紧迫环境问题的同时，开拓绿色科技的新全球市场。如果发展战略转型成功，那么到2030年，能源密集型、原材料密集型、污染密集型企业比重将下降，能源、原材料和环境服务要素的定价将更加合理。具体而言，中国走以创新为主导的绿色发展模式的必要性在于以下几个方面。

1. 绿色发展将显著改善中国经济增长质量

过去30年，中国经济发展虽然取得了巨大的成就，但环境损害成本也十分高昂，得到金山银山的同时却痛失绿水青山。过去10年间，中国的环境退化和资源枯竭所造成的成本已经接近GDP的10%。其中，空气污染占6.5%，水污染占2.1%，土壤退化占1.1%。通过实施绿色发展战略，比如减少化石燃料的生产和使用等，会大大降低空气和水污染、水资源短缺等对人体健康造成的损害。

2. 绿色发展将成为中国未来经济增长的潜在动力

新的技术机会不仅使绿色发展具有现实可行性，而且还使其成为未来经济增长的潜在动力。如果获得成功，绿色发展将创造出新的商业机会，并且可能刺激技术创新，使中国在朝阳产业中具有国际竞争力。未来20年，中国在新能源、绿色科技、节能环保等领域都将大有可为，市场前景广阔。绿色发展仅在中国这个统一大市场中推广应用，就将产生巨大的经济效益。

3. 绿色发展将有助于解决大量特定发展瓶颈问题

这些瓶颈问题包括能源安全、城市宜居性、农业产出和基础设施制约等。能源消费的迅猛增长使国内供电紧张，煤炭价格上涨，并使中国越来越依赖于能源的进口，根据目前的发展方式，预计到 2030 年，中国 75% 的石油和 50% 的天然气可能需要进口。提高土地使用效率和更好地管理土地将有助于减少城市拥挤和城镇蔓延，而遏制土地肥力下降和水资源污染则可以提高农业产出，绿色发展也将会减少基础设施方面的瓶颈。

4. 增强经济发展的稳定性

目前高投入的增长方式受原材料成本的影响很大，外部大宗商品价格上涨和波动将传导成国内的经济波动。降低生产活动的资源密集程度，将会提高中国的国际竞争力，并降低国内价格受国际市场波动影响的程度。

（五）新技术扩散应用推动生产生活方式深刻变革

1. 信息技术渗透助推产业升级与经济转型

未来信息技术将进入大数据时代，数据的大容量存储与运算处理接近于免费供应，网络和云计算中心提供全球化的数据接入与无所不在的数据服务，社交媒介与虚拟安全将发展成为新兴的大市场。信息技术的发展，使在家工作成为可能。信息技术在提高公众的经济效率与生活质量的同时，也将降低对资源的消耗与环境的破坏，而这些对于大城市的存在与可持续发展至关重要。

2. 新的工业和自动化技术极大地改变未来工作模式

未来 20 年，3D 打印、机器人、无人驾驶汽车等新型工业和自动化技术的发展具有极大地改变未来工作模式的潜力。3D 打印已经开始广泛应用在设计领域，尤其是在工业设计中，如数码产品开模等，可以在数小时内完成一个模具的打印，节约了很多产品到市场的开发时间。未来3D打印可以用各种原料例如橡胶、塑料，甚至是人体器官，使用3D辅助设计软件由工程师设计出一个模型或原型之后，打印出一整幢房子甚至人工心脏瓣膜。对于发达国家而言，3D打印将缓解劳动力约束、提高劳动生产率、降低对劳务外包的需求、缩短供应链的长度。3D打印也可能造成更多的非熟练或半熟练工人失业与富余，恶化社会不平等。对于发展中国家特别是亚洲国家，3D打印将有利于激发新的制造能力，增加亚洲制造业的竞争力。目前无人驾驶汽车已经上路，该技术的扩散应用将使未来的夜间出行、夜间通勤及房车前景广阔。

3. **生命科学与医疗技术发展将继续延长世界人口平均寿命**

未来20年，生命科学与医疗技术发展将通过减缓身体和精神的衰退，与居民整体福利与保障水平的提高一起共同延长世界人口平均寿命。据推测，人均寿命延长的最大成就可能发生在中产阶层不断壮大的新兴国家。这些新兴国家当前的卫生保健系统可能比较薄弱，但是到2030年前后将获得实际性的长足进步。到2030年，很多世界领先的疾控研发中心将在这些国家出现。

4. **高速铁路重画中国经济版图**

今后20年，中国中短途交通进入高铁时代。根据《中长期铁路网规划》，到2020年，铁路营业里程将达到12万公里以上。其中，新建高速铁路将达到1.6万公里以上；加上其他新建铁路和既有提速线路，我国铁路快速客运网将达到5万公里以上，连接所有省会城市和50万人口以上城市，覆盖全国90%以上人口。预计到2020年，中国200公里及以上时速的高速铁路建设里程将超过1.8万公里，占世界高速铁路总里程的一半以上。中国 1000 公里之内的铁路运输优势，将与航空直接竞争。

高铁将提高国内市场的统一性，各地区域规划难协调的问题或许将迎刃而解，原先认为偏远的地方被拉近了距离，中国城市之间的同城效应得到体现，铁路沿线将形成走廊产业经济带，有助于深化地区间的分工，进而推进中国的城市化和工业化进程，并帮助中国解决资源环境问题。高铁的发展不能简单理解为交通工具的改进，而是观念、生活、投资机会以及 GDP 增速。从区域经济的角度看，高铁带来的除了产业发展的机遇，更直接的是地价上涨触发的投资机会和当地政府财力的极大提升。珠三角北移，京津冀扩容，长三角外延，高铁引领中国基础设施提升，三大经济圈服务业中心与其腹地的空间关系由此发生质变，中国经济版图加速融合。中国的硬件设施在全球下一轮竞争中将居优势地位。

5. 页岩气开采等技术的突破将改变能源生产消费格局

页岩气开采技术已经取得突破性进展，未来页岩气可能成为改变世界能源格局的新兴能源。埃克森美孚最新的长期展望报告显示，由于其储量丰富以及世界清洁能源运动的展开，页岩气将在 2025 年前取代煤成为美国的主要发电燃料，同时也将成为世界第二大燃料源。目前，国内外有关研究部门不完全数据表明，中国的页岩气可采储量达到 36.08 万亿立方米，居世界第一。2011 年 12 月 30 日，国土资源部发布的 2011 年第 30 号公告中，国务院正式批准页岩气成为中国第 172 种矿产。根据国务院发布的“十二五”期间的《页岩气发展规划（2011—2015 年）》，我国将在页岩气资源潜力调查评价和页岩气勘探开发布局两个方面有所突破，到 2020 年年产量要达到 600 亿～1000 亿立方米，并形成以四川、重庆、山西和辽宁为重点的鄂西渝东、川西、川东北、南川等19个页岩气重点勘探开发区域。中国页岩气规模开发将缓解中国油气资源短缺，提高天然气供应能力，改变中国能源结构，增加清洁能源供应，形成油气勘探开发新格局。

（六）国际金融体系演变的不确定性增加

1．美元的国际储备货币地位受到挑战

到2030年，考虑到欧元区和日本经济的疲软状况，美元可能仍将是世界上主要的国际储备货币，但其绝对优势地位将受到新兴国家货币的挑战，其中包括美国在内的发达国家的扩张性货币政策，将增强国际货币体系的不稳定性。主要币种之间汇率的不确定性也将增加国际金融和贸易的交易成本。

2．人民币国际化不可避免

中国在世界贸易中的重要性不断上升，其经济规模加上其作为全球最大债权国的地位，可能会使人民币的国际化不可避免。但人民币能否成为全球主要储备货币，取决于中国金融部分改革的速度、改革能否成功及资本账户开放情况。

3．利率市场化推动资产证券化的兴起

在中国目前利率管制的条件下，银行主要依赖于存贷差而非开发新的金融产品与服务获利，这也决定了目前的房地产融资模式以银行信贷为主导，以资产证券化作为房地产融资动力不足。随着未来利率管制的放开和利率市场化的推进，将迫使银行更多地依赖中介服务作为利润来源，房地产融资将迎来资产证券化的新时代。

二、经济形势变化对房地产发展模式影响的展望

（一）中国房地产业仍具较大发展潜力，房地产业新的“白银十年”已经开启

中国房地产业未来20年良好的发展潜力基于以下利好因素的叠加：一是中国未来20年仍将是世界经济增长的主要推动力与增长极，并在2030年前后有望超越美国成为世界第一大经济体，中国城市走向国际前台并有能力聚集和配置世界优秀资源；二是中国有望成功跨过“中等收入陷阱”，跻身于高收入国家的行列，收入水平的提升和中产阶层的壮大将带来巨大的住房消费需求；三是城市化持续推进，每年将有相当于一个东京的人口进入城市，对房地产产品的需求将持续增长。

至于房地产泡沫破灭与暴跌的可能，可以认为中国房地产近10年内持续跌入低谷的可能性微乎其微，房地产业新的“白银十年”已经开启并无疑义。纵观古今中外著名的房地产泡沫案例，一般都发生在特定经济体的经济增长预期出现由乐观到悲观逆转的关节点上。如日本房地产泡沫破灭的根本原因是，随着“中国制造”等竞争对手的兴起，曾经所向披靡的“日本制造”走向衰落，产业转型不成功导致经济前景黯淡；而中国香港房地产泡沫的破灭，也和中国内地改革成功开放，珠三角、上海的经济地位上升，香港作为内地转口港的特殊地位消失有关。中国仍将维持20年以上的相对快速经济增长，已经是各方共识。近期内世界上还没有一个重量级的竞争对手，可以取代中国的经济地位。

（二）商业地产格局将发生深刻变化，传统商业地产相对衰落，养老地产、旅游地产、娱乐地产兴起

一方面，在新技术与新生活方式的作用下，部分传统商业地产相对衰落。如信息技术与物流配送业的长足发展，使得网络商业蓬勃兴起，传统的大型商圈与购物中心地位受到挑战；与现代信息技术、智能化城市相结合的 SOHO 工作模式，将改变商业写字楼目前价值分布格局；网络 3D 展示技术的发展普及，会对传统的会展模式形成挤压。

另一方面，经济格局的变化将促使一些新兴的地产模式兴起。如随着人均寿命的提高和老龄化的加速，养老地产价值提升；随着居民收入的持续增长和中产阶层扩大对文化娱乐活动提出的更高要求，旅游地产、娱乐地产、文化地产有望迎来新的机遇。

（三）部分中西部城市、中小城市、卫星城镇迎来快速发展机遇

未来城市体系将更加合理化，大、中、小、东、西城市间比例优化，部分中西部城市、中小城市、卫星城镇迎来快速发展机遇。一是随着劳动力成本的提升与产业向中西部转移，中西部城市发展速度加快，与东部城市的差距将缩小；二是大城市的过度拥挤使富裕阶层率先寻求逃离大城市的可能性，一些居住环境条件优越的中小城市、卫星城镇将兴起；此外，随着市场对资源区域配置能力的增强，传统的依靠行政力量维持人口聚集的地级市有一部分将走向衰落。

（四）房地产业“游戏规则”将发生变化，知识智力将成为行业重要主导因素

在传统的中国房地产开发模式中，资金和土地是最重要的主导因

素。随着城市化的放缓与房地产产品总体稀缺性的下降，房地产业总体将逐步进入平稳发展期，同时局部地区将出现快速发展的机会。可以预见，仅依赖资金与土地的获得能力，无法保证在未来房地产市场中获得竞争优势，赚取超额利润。房地产业也将成为智力密集型产业，知识智力将成为房地产业的重要主导因素，团队投资能力直接决定房地产企业投资的成败。

（五）房地产产品向智能化、绿色化、网络化、社交化发展

一是未来随着绿色环保观念的深入人心、绿色革命的兴起与政府对房地产环保强制要求的提高，将从供给与需求两个方面对房地产产品的绿色化提出更高的要求；二是信息技术和物联网的普及以及智能城市的建设，促使房地产产品向智能化、网络化发展；三是未来社会对社会交往的重视程度目前已现端倪，社交将成为未来新的生活与居住理念之一，这就要求房地产产品提供良好的社会交往途径与平台，使产品使用者之间能够互动、融洽和谐。

（六）地段交通的重要性相对弱化，区域居住生活品质要求提升

在传统的房地产投资理念中，地段交通具有极其重要的地位，“Location（地段）”是房地产投资者挂在嘴边的基本信条。但未来随着中国高铁、城市地铁与通勤铁路、高速公路的跨越式发展，人均道路水平大大提高，道路密集程度增加，房地产产品出行便利性的稀缺程度相对下降，从而使地段交通在房地产投资中的重要性相对弱化。而另一方面，随着居民收入水平的提高，居民对居住生活品质的要求提升，区域整体居住环境、教育医疗配套设施水平等对房价的影响因子将显著加大。

三、面向未来的战略

（一）坚持以房地产为主业不动摇

随着房价的高位运行，未来的房地产业可能面临各种政策调控的冲击和束缚，并存在房价短期波动的风险，但是总体来说，未来 10～20 年房地产业仍处于上升期，机遇远大于挑战。坚持以房地产业为主业不动摇，并通过适当的逆短期周期操作实现滚动式扩张，才能够最大限度地分享中国经济持续快速成长带来的红利。

（二）加大创新能力培养与研发投入

未来房地产企业竞争力与盈利能力单纯依赖于资金与土地获得能力的时代将逐步过去。未来房地产业仍然充满发展机会，但是这些机会仅属于有独特投资能力的机构，企业知识智力的依赖性增强。房地产企业要获得竞争优势，需要加大创新能力培养与研发投入，通过培养高水平的投资团队赢得竞争优势。

（三）转变发展模式，由开发到开发持有并举

在未来房地产大发展时代的末期，随着房地产大规模开发的淡出，房地产企业要想保持持续的盈利模式，需要适时转变发展模式，由单纯的开发为主转变为开发持有并举，探索房地产物业的运营管理新模式。

（四）优化区域发展战略布局

迎合未来城市化格局的新变化，优化区域发展战略布局，以分散风

险获取更大利润。除了传统大城市的开发投资外，要更加注重中西部城市、中小城市、卫星城镇发展的新机遇，以及高铁、大城市延伸带来的新兴区域快速发展的机遇。此外，还要优化战略布局，规避传统工业城市产业转型失败的风险。

（五）在新兴房地产类型中发掘机会

未来20年，随着人口结构、收入水平的变化，养老地产、旅游地产、文化地产、娱乐地产可能兴起。房地产企业应未雨绸缪，加大向这类可能获得快速发展的新兴房地产类型的投入与尝试力度，在时代的变迁中捕捉新的机会。同时规避部分传统商业地产项目在新的技术和生活方式下可能衰败的风险。

（六）不断加强产品创新，保持产品的领先性

未来房地产产品的智能化、绿色化、网络化、社交化趋势对房地产企业提出了新的要求。房地产企业应深入研究未来市场对房地产产品属性的要求，不断加强产品创新，保持房地产产品的领先性，从而获得更大的市场竞争力与更高的附加值。

第十章　中国房地产市场宏观调控

一、扩大供地能降低一线城市房价吗

中国住房市场存在严重的结构失衡，大城市特别是一线城市住房供求矛盾突出、房价畸高，这是公认的事实。对于如何解决这一结构性问题，多数人主张扩大一线城市土地供给，紧缩中小城市土地供应。2017年5月26日，全国人大财经委副主任委员黄奇帆于复旦大学的专题讲座中也提出，中国存在土地供应失衡，大城市人口集中、流入多，但是每年新增的住宅用地反而相对要少。据此他认为，大城市人多就应该多供地，实现人口应跟着产业走，土地应跟着人口走，土地供应爬行钉住人口规模。从直观上看，人越多需要的住房就越多，扩大供地似乎是非常符合逻辑的主张。但从历史和现实看，在大城市病和人口涌入压力面前，特大城市的有效供地能力极其有限，可能不足以对住房市场走势产生重大影响。

通过扩大供地来解决超大城市住房供求矛盾，逻辑上非常简单直观，其实际效果如何呢？曾有这么一个特大城市，1986年常住人口数量达到1028万人，首次进入千万人口俱乐部。在城市化和大城市化的背景下，随着人口的不断流入，2005年该城市人口数量达到1538万人，20 年内净增 510 万人。此后人口流入加速，只花了 6 年时间，该城市又增加了约 500 万人，到 2011 年常住人口数量已经突破 2000 万人，达到 2018.6 万人。与超乎预期的人口激增相适应，城市规模被动地一圈圈摊大饼式地往外扩展，由二环扩展到六环，目前大七环也正在建设之中，这应当就是土地供应爬行钉住人口规模的直接结果。在十几年前，该城市三环外就属于偏僻得没人愿去的地方，而今六环外的住房单价，都要比很多二线城市最贵的住房还贵一倍以上。由于人口的激增和城市建设规模被动扩大，这座城市正经受严重的大城市病和高房价症。众多城市生产者的宝贵青春，都在超长的上下班通勤时间中被不知不觉地消耗。城市过大也造成人情的淡漠和生活品质的严重下降。城市过大还有一个必然结果是房价畸高，尽管房价居全国第一，住房还经常需要抢购。最致命的是，由于患上严重的大城市病，这个城市不得不向外疏散人口。为避免疏散人口重新聚集，住房供应不仅无法有效扩大，还必须呈相对收缩的态势。大家都知道，这个城市就是北京。

由北京的案例可见，遵循扩大土地供应原则来解决一线城市的住房供求矛盾，最终可能将掉入如下“摊大饼”陷阱：人口涌入—建设摊大饼—人口进一步涌入—进一步建设摊大饼—人口再涌入—再进一步摊大饼—大饼无法再摊、人口继续涌入—无法治理的高房价症及大城市病。这是因为，在城市化及大城市化这个特定的历史阶段，大城市人口的涌入是动态的，并不会随着土地供应的及时跟进而停滞不前。扩大的土地供应，必将被更多的人口涌入所消化。而受制于资源、环境、交通等的承载能力，大饼又不能无限制地摊下去。所以在一线城市，土地供应最终是没法钉住人口规模的。或者说，高房价是这些城市在这一历史阶段的宿命。为了稀释房价这一无法达成的目标，而将城市摊成一个让人难以接受的“超级大饼”，这个教训是非常深刻的。

从现实看，大多数特大城市，土地扩大供给的空间已经很小了。通过扩大土地供给来平抑大城市房价，只能是一个望梅止渴式的良好愿望，并不是有空地就能形成有效供给，也不是说房子可以一直盖下去，这还需要考虑到区域的环境、交通、公共基础设施等的承载能力。仍以北京为例，有人“惊奇”地发现在四环到五环之间、五环到六环之间还存在不少空地，二环以内甚至还有大片平房，从而认为它还有很大的供地潜力，这实际上是一种误解。如果北京把这些空地都盖上房子，把容积率进一步提高，那交通拥堵问题将极度恶化以至于无解。在私人汽车时代，我们的特大城市都不同程度地存在人口过载或土地过度开发现象，其现实表现是交通的极度拥堵。如果要进一步提高土地开发强度，只能放弃私家汽车出行，而改走公交出行，否则交通可能要完全瘫痪。但私家汽车出行，又是我国国民百年中国梦的一个重要组成部分。禁止私家车出行与中国梦相悖，最终或是不得人心、无法推行的。在这种背景下，特大城市如果要提高或至少保持现有宜居水准，不仅不能扩大供地，还需要把现有的存量住房拆掉一部分以疏散人口。典型的手段如通过整治开墙打洞、拆除违建、迁走批发市场等低端产业等，把低端产业吸附的人口导出。这项运动，在我国的一些特大城市正在轰轰烈烈地开展。所以，在未来的很长一段时间内，中国的特大城市都没有扩大住房供给的潜力，甚至还需要拆除一部分老旧、违章住房，以缓解交通环境压力、维系城市宜居水平。

总之，只要人口城市化和大城市化的动力不发生根本性改变，高房价几乎就是现阶段我国特大城市的宿命。不扩大土地供应，中国特大城市住房市场必将逐步陷入“香港化”，具体表现为超高房价和低居住水平。而扩大土地供应，随着更多人口的涌入，中国特大城市住房市场迟早也将逐步“香港化”，同时还要掉入“摊大饼”陷阱无法自拔。该如何抉择，可谓仁者见仁，智者见智。雄安新区的设立，也正是基于跳出特大城市这一两难选择困境的一种新尝试，力求为人口稠密地区解决住房供求矛盾探索出第三条道路。

二、结构性住房市场的双向调控

2015—2016 年，在住房去库存的大背景下，一方面，各种购房支持政策连续出台，住房政策进入空前宽松期。但另一方面，以深圳、上海为代表的一线城市房价率先出现大涨，迫使两地政府紧急出手调控楼市，大幅降低融资杠杆、提高入市门槛。由于一线城市楼市的风向标意义，这也意味着中国房地产市场进入了一个新的节点。

（一）楼市回暖量增价涨，开发投资触底回升

2016 年第一季度，在宏观利好政策不断加码加大特别是住房信贷政策极为宽松的大背景下，房地产交易回升。一线城市率先完成去库存过程，房价出现快速上涨。三、四线城市由于前期库存过高、需求相对疲软，房价稳中有升，尚未出现大涨。随着销量的增长和库存增速的下降，房地产开发投资触底回升，在一定程度上提升了宏观经济信心。在一线城市和部分热点城市，投资、投机者也开始大量进场。

一线城市房价出现大涨，二、三线城市房价稳中有升。随着降税、降首付、降息等宏观利好政策的不断加码，中国大中城市房价走势总体延续了自 2014 年 12 月以来的房价回升态势，房价上涨由一线城市向二、三线城市扩散。2015 年 12 月，100 个大中城市样本住宅平均价格为 10980 元。到 2016 年 2 月，100 个大中城市样本住宅平均价格上涨为 11092 元，比上年末上涨了 112 元。从环比看，2015 年 12 月，在 100

个大中城市中，房价环比上涨的有60个，持平的有1个，环比下降的为39个。到2016年2月，环比上涨的城市增至61个，持平的有1个，环比下降的城市降为38个。从同比看，2015年12月，在100个大中城市中，房价同比下降的城市57个，同比上涨的城市为43个。到2016年2月，房价同比下降的城市为59个，持平的有1个，同比上涨的城市为40个，房价突破上年同期高点的城市个数与上年末相比减少了3个。

城市住房市场分化加剧，一线城市房价大涨，二线城市房价涨速略有回升，三线城市房价止跌企稳。在货币供应量快速增长、楼市利好政策不断出台的背景下，不同类型城市由于库存水平和潜在需求差异较大，市场反应不一。2015年12月，一线城市房价大涨，二线城市房价涨速略有回升，三线城市房价止跌企稳：在100个大中城市中，一线城市房价指数环比上涨1.82%，同比上涨17.2%；二线城市房价指数环比上涨0.63%，同比上涨0.64%；三线城市房价指数环比上涨0.04%，同比下降1.47%。到2016年2月，一线城市房价涨速进一步加快，二、三线城市房价稳中有升：在100个大中城市中，一线城市房价指数环比上涨2.01%，同比上涨21.04%；二线城市房价指数环比上涨0.41%，同比上涨1.47%；三线城市房价指数环比上涨0.42%，同比下降0.06%。另根据国家统计局数据，2016年2月北京、上海、深圳新建商品住房价格环比分别上涨2.1%、2.4%和3.5%，同比分别上涨12.9%、20.6%、50.9%，涨幅冠全国前三位。作为准一线城市的广州及二级明星城市的南京、杭州等，房价也隐有加速上涨之势。

销量显著回升，库存增速下降。2016年第一季度，中国商品住房销售量增速显著回升。2015年12月，中国商品住房累计销售面积为112405.68万平方米，同比增长6.9%；商品住房累计销售额为

72753.00亿元，同比增长16.6%。到2016年2月，中国商品住房累计销售面积为10056.39万平方米，同比增长30.4%；商品住房累计销售额为7435.28亿元，同比增长49.2%。销售量及销售额增速均较上年末有突变性提高。随着销量回升，库存增速减缓。2015年12月底，中国新建商品住房待售面积45248万平方米，同比增长11.2%。到2016年2月底，中国新建商品住房待售面积增至46635万平方米，同比增长10.6%，增速比上年末下降0.6个百分点。

开发投资增速短线触底，进入缓慢回升通道。由于住房开发企业需要根据库存消耗状况来决定投资规模，所以开发投资增速的回升一般要滞后于销售量回升半年到一年。随着2015年以来商品住房销售量的持续回升及库存增速的不断下降，商品住房开发投资增速短线触底，进入缓慢回升通道。但由于库存总量仍很高，开发投资增速暂不会出现快速增长。2015年12月，中国商品住房开发投资额累计为64595.24亿元，同比增长0.4%。到2016年2月，中国商品住房开发投资额累计为6027.52亿元，同比增长1.8%，增速比上年末上升1.4个百分点。2015年12月，中国商品住房累计新开工面积为106651.30万平方米，同比下降14.6%。2016年2月，中国商品住房累计新开工面积为10811.49万平方米，同比上升9.7%。2015年12月，中国房地产开发累计土地购置面积为22810.79万平方米，同比下降31.7%。2016年2月，中国房地产开发累计土地购置面积为2235.60万平方米，同比下降19.4%。

政策利好不断加码，投资投机需求进场。从政策面看，购房金融环境极为宽松，对购房的信贷支持不断加码，形成极有利于住房泡沫扩散的金融条件。自2014年9月以来，一线城市二套房信贷管制不断放松，二套房的认定条件从“认房又认贷”改为“认贷不认房”，这意味着如果首套房贷还清二套房仍可以享受首套房的按揭优惠政策；二套房按揭首付成数大幅调低，一线城市由以往的70%降为2016年初的40%左右，其他城市降为30%；持有住房的成本不断下降，央行自2014年以来已连续6次降低贷款利率，目前一般按揭贷款基准利率商业贷款仅为4.9%，公积金贷款仅为3.25%；货币投放量迅猛增长，2016年1月末，广义货币（M2）余额141.63万亿元，同比增长14.0%，增速分别比上月末和上年同期高0.7个和3.2个百分点，当月人民币贷款增加2.51万亿元。近年来兴起的各种互联网金融创新工具也显著降低了购房门槛：如P2P平台对购房者提供的具有场外配资性质的首付贷，使事实上的零首付购房得以实现；各种众筹炒房行为，使炒房的最低门槛甚至降至千元以下。

部分城市被迫出手调控市场，扩张性房地产政策存在变数。由于投机充斥、房价短期上涨过快，上海、深圳等城市紧急出台了需求管控政策，北京等热点城市也有望跟进。根据2016年3月25日发布的最新政策，上海市的非上海户籍家庭购房社保缴纳由之前的累计2年调整为连续5年，二套房普通住宅首付比例提升至50%，二套房非普通住宅首付比例则提升至70%；而深圳市将非深圳户籍家庭购房社保年限由1年提升至3年，同时实行“认贷又认房”政策，并将二套房首付比例上调至40%。政府在市场出现局部过热迹象时及时出手管控市场，对于稳定楼市避免更大风险具有积极意义，但也给未来的政策走向增加了变数。

（二）区域市场结构失衡，高库存与住房短缺并存

当前我国住房市场最大的问题是，区域住房市场发展出现严重结构失衡，高库存与住房短缺并存。一、二线城市住房供求矛盾突出、房价

畸高，三、四线及以下城市住房阶段性过剩、库存高企。

三、四线城市住房短期供过于求，去库存将是首要任务。2014 年以来，住房“总量供不应求”时代已经淡出，“结构性过剩”时代已经到来。城镇化与工业化作为过去 10 年住房市场发展的超级引擎，目前都处于减速状态，中国城市特别是三、四线及以下城市对人口的吸引力正在减弱。在需求总量退热的同时，中国城镇住房却已经累积了巨额的存量。特别在一些三、四线城市，商品住房积压现象已经很严重。据笔者估计，2015 年底中国商品住房库存大约在 29 亿平方米，平均去库存周期在 30 个月左右，远高于正常的去库存周期（6～18 个月）。而这些库存，又主要集中在三、四线及以下城市。此外，过去 10 年，各地方政府通过“高铁新城”“金融中心”“沿河新区”等各种题材，遍地开花式地开发建设了数量庞大的新城。这些题材新城，有一些只是为了配合政绩或地产炒作需要，通过虚构的城市发展愿景或盲目的乐观情绪投资建设起来的，并没有真实的产业发展作为支撑。随着房地产热的退潮，其中有一部分可能沦为“鬼城”或空城。

一、二线城市住房仍将供不应求，扩大供给仍是主线。虽然住房总量短缺的时代已经过去，三、四线城市住房短期过剩明显，但由于人口的大量流入及收入水平的提高以及历史住房水平较低，一、二线城市住房仍将存在一定程度上的短缺，扩大供给仍是一、二线城市楼市发展主线。2015 年末到 2016 年初，一线城市及部分二线城市住房被猛炒，除了与购房融资杠杆加大有极强关联之外，可售住房库存不充足也是一个必不可少的条件。在供应不充分、潜在需求规模庞大的条件下，一有风吹草动，恐慌性购房行为就很容易被激发。

过剩的主要是区位和配套条件差的住房，优质住房特别是优质学区住房仍将短缺。虽然从量的方面看，中国城镇商品住房已经出现结构性过剩，但从质的方面看，很大一部分家庭居住条件仍然较差，狭小公寓、老旧公寓或不成套住宅占存量住房的比重很大。随着人们收入的增加和对生活品质要求的进一步提升，对优质住房的需求还将稳步增长，优质住房仍然具有一定的稀缺性。此外，由于我国基础教育水平极不均衡，因而优质学区住房也成了一种非常稀缺的资源。本轮一线城市房价的暴涨，就与对优质学区住房的抢购风潮有很大关系。根据 CQCHPI 房价指数，2015 年第四季度北京市房价同比上涨最快的两个板块分别为金融街板块（27.74%）与中关村板块（19.36%）。而这两个房价大涨板块正好均为北京市最好的学区所在地。

去管控过快加剧住房市场结构失衡。由于持续房地产热的历史原因，我国对房地产市场施加了诸多的限制性管控政策，这虽然有利于抑制房地产热，但也在一定程度上扭曲了市场，降低了资源配置效率。随着住房总量过剩和去库存时代的到来，以前的诸多限购、限贷、增税政策都将逐步淡出，住房政策将恢复到新的常态。但是，由于我国住房市场结构性矛盾仍然很突出，对于住房市场的去管控，需要因地制宜逐步推进。而目前出于拉动经济等诸多考量，住房市场松绑过快，这大大增加了市场的波动性。特别是一线城市楼市，由于住房供给不足，潜在需求较大，总体住房水平不高，管控政策的突然大幅度后撤诱发了一轮房地产投资投机的集中爆发，迅猛推高了房价。对于三、四线城市而言，过快的去管控政策短期也可能刺激住房投机，加剧市场过剩。在市场相对过剩时代，住房市场仍蕴含着巨大的潜在需求，不仅需要减少市场管制，更需要通过深化住房供给机制改革才能加以释放。让城镇居民能够以较低的成本获得高品质、个性化的住房，才是启动住房改善性需求、促进住房市场平稳发展的关键。

（三）去库存需要与住房供给体系改革相结合

由于我国房地产市场区域发展极不平衡，结构性过剩与结构性短缺并存，高库存与供不应求并存，需要根据区域市场不同的供求形势，分类指导，有保有压。对于一、二线城市，需要深化住房供给体系改革，扩大住房供应，降低购房成本；对于三、四线及以下城市，需要一方面降低购房负担，另一方面抑制供给过快增长，双管齐下消化住房库存。

一、二线城市应继续扩大供给，抑制住房投资投机需求。鉴于一、二线城市住房供求矛盾仍将长期存在的事实，一、二线城市住房政策的主线是多方扩大住房供给，量力支持住房改善，继续抑制住房投资投机，保持房价相对平稳。

一是进一步降低存量住房交易税费，促进二手住房入市，缓解新房供应不足的局面。具体措施包括：扩大契税优惠，所有普通商品住房契税均按1%的优惠税率收取；取消2年限制，所有普通商品住房交易免征增值税；取消自用5年及唯一生活用房限制，所有出售普通商品住房的所得均免征个人所得税。

二是多方扩大普通商品住房供给。短期政策包括加大普通住房土地供应，加快住房用地入市节奏，提高中低价位商品入市审批的速度，在补交土地出让金和科学规划的前提下支持商改住、工改住等土地用途改变。长期还需要加大公共基础教育等公共配套均等化的力度。

三是适时降低多套住房融资杠杆，抑制住房投机。热点城市可以考虑采取临时性需求管控措施，提高多套住房首付，将二套房首付提高到50%～70%；将二套房认定标准由“认贷不认房”改为“认房又认贷”；严格停止对三套及以上住房提供按揭贷款，清理各种违规首付贷，避免购房金融杠杆被滥用。

三、四线及以下城市应多方消化住房库存，支持改善性住房需求，提升外来人口置业吸引力。基于三、四线城市高库存及需求增长疲软的现状，三、四线城市的政策主线是设法多方消化现有的住房库存，挖掘需求潜力，同时抑制供给的过快增长。

一是继续支持改善性住房需求。三、四线及以下城市虽然住房总量存在阶段性过剩，但有相当数量的居民住房水平并不高，居民改善住房条件的期望仍很迫切。通过支持居民住房条件的改善，可以消化一部分过剩的库存。具体措施包括：尽快出台购房贷款利息抵扣所得税政策；对于买一卖一的换房需求给予税费减免或适度财政补贴；对于居民为改善住房条件购买二套住房给予适当的金融支持等。

二是吸引县域和农村人口进城就业和置业。进一步放宽户籍限制，提升教育、医疗等公共服务水平，发展地方优势产业，吸引县域和农村人口就业和置业，在消化库存的同时降低一线城市人口与住房压力。

三是根据需要调整房地产用途结构。在不影响其他居民居住环境的前提下，支持住宅转商用或用作创业场所。

四是政府购买过剩商品房用作保障房。停建或缓建保障性住房，通过低价购入滞销商品住房，用于保障性住房及安置房。

五是出台退房还耕政策。住房库存可分为可销售库存与无法销售库存。对于少部分非理性开发形成的、无法出售的空城、“鬼城”，可以出台支持退房还耕政策，拆除烂尾及废弃商品住房，通过土地指标置换，释放闲置无效建设用地。

三、以二手房降税支持合理需求

当前二手住房交易税费过高。在很多情形下，一项交易需要支付的营业税、契税、个人所得税等各项税费，总计可以达到住房总价的20%以上。高交易税费不仅不能起到抑制投机、平抑房价的作用，还大大降低了市场效率，增加了普通民众的购房负担。在当前住房市场供求矛盾突出的条件下，需要尽快降低二手房交易税费。

（一）高交易税费与住房限购政策存在重叠与矛盾

为了抑制投机投资性购房，各直辖市、计划单列市、省会城市和部分房价上涨过快的中小城市均按中央要求，出台了相应的住房限购政策。按照住房限购政策的一般规定，本地户籍居民家庭不允许购买第三套住房，能够提供相应纳税或社保缴纳证明的外地户籍居民家庭不允许购买第二套住房，不能够提供相应纳税或社保缴纳证明的外地户籍居民家庭不允许购房。

住房限购政策与高税费政策的重叠和矛盾在于，既然限购政策已经通过行政手段禁止了投机性购房（购买第三套及以上），就没有必要再利用高税收去惩罚并不存在的住房投机行为；反之，既然认为本地居民拥有二套及以内住房属于合理需求并许可购买，就应当在税收上给予相应的支持，而不宜继续采取惩罚性的高税收政策。限购政策与高税费政策重叠的结果是，迫切需要自住或改善住房条件的普通购房者，却咬牙承受着针对投机者设计的高税收。

（二）高交易税费严重妨碍了住房改善与人口迁移

过高的交易税费使住房改善变得极为困难。假设一对新参加工作的夫妻，因收入限制购60平方米住房一套。3年后，收入增长，孩子出生，原住房条件亟须改善，将原60平方米住房售出，换购一套90平方米住房。虽然住房改善需求非常合理，但同样面临住房出售款的20%

以上都将化为税费的尴尬局面，住房改善的成本远高于初次购房，改善能力下降。

高交易税费政策必然刺激住房超前消费。在住房改善成本极高的条件下，一个理性的购房者即使没有足够的钱，也要不惜四处举债极尽所能去购买大户型，实现住房需求一步到位。

过高的交易税费大大增加了人口迁移的成本，阻碍了人口流动。假设一个北京就业者欲转移到上海工作，同时将北京的住房售出，新购上海住房一套。尽管买一卖一住房数量不变，却可能因此损失住房总价款20%以上的税费，这对于一个工薪家庭来说是一笔沉重的负担。

（三）大中城市住房供求矛盾长期存在，高交易税费不能降低房价

高交易税费设计可能产生积极作用的基本前提是：住房市场投机行为充斥，投机性购房是高房价的罪魁祸首。在此前提下，通过提高交易税费，可以增加住房投机的成本，使住房投机行为的收益降低、难度加大，从而达到消除市场泡沫的目的。

显然，我国当前的高房价现象并不是一个简单的投机泡沫问题。现阶段中国城市高房价的根本原因是：中国经济腾飞与城镇化加速所形成的住房需求增长呈弱爆发性态势，住房市场供应增长无法跟上需求增长，造成长期供不应求的局面。中国经济的继续起飞与城镇化的快速推进都是今后数十年的大趋势，短期难以逆转。从这个角度看，大中城市高房价现象将长期存在。投机性需求只能是推动房价上涨的一个非基本因素，并不会对高房价问题起决定性作用，房价自然也不会因高交易税费而下降。

实施了严厉的行政性限购政策后，房价仍出现强劲上涨，也从现实角度证明我国城市住房真实需求增长十分强劲。在大中城市住房供求矛

盾长期存在的条件下，税制设计得再精巧，高额的交易税费也必然转嫁给真实的住房需求者。城镇化带来的新增城市人口，以及因收入增长欲改善当前不佳住房条件的人群，才是高交易税费的真正承担者。

（四）大城市新房供应严重不足，急需松绑二手房以扩大供给

由于近两年来开发商与消费者误判市场形势，导致 2011—2012 年住房交易清淡、开发投资增速下滑严重，新增住房供给量不足，为目前大城市住房市场的严重供求紧张形势埋下了伏笔。

从新房供给方面看，2013 年在北京等大城市，短期新房供应严重不足，不仅购房再次需要排号、摇号，甚至有不少普通住宅楼盘要求购房者事先提供 50 万元存款证明，开盘当天才予以接待。而几乎所有楼盘，都没有悬念地在开盘当天全部售完，购房者连询价考虑的机会都没有。

从二手房供给方面看，由于二手房税费过高，虽然房价近年涨幅不小，但是扣除税费实际获利不大，导致房主惜售或转售为租。除非急用钱，一般不愿售房。

从购房者角度看，购买二手房税费过高，驱使购房者转向新房市场，导致二手房交易萎缩，加剧了新房市场供求紧张形势。

综上所述，在新房市场供求矛盾突出的条件下，当务之急是大幅降低二手房交易税费、给存量房入市松绑。通过活跃二手房交易，以缓解新房供应短期严重不足的局面。

（五）具体建议

（1）建议扩大契税优惠，所有普通商品住房契税均按 1% 的优惠税率收取。现行政策在多数情形下税负过高，不利于住房异地换购及改

善，且操作复杂。按现行政策，个人购买普通商品住房一般征收3%契税；如果购买的普通商品住房属于家庭唯一住房，按优惠税率征收1.5%契税；对个人购买90平方米及以下普通住房，且该住房属于家庭唯一住房的，减按1%税率征收契税。

（2）建议取消5年限制，所有普通商品住房交易免征营业税。现行政策税负过高、征税面广，限制了存量交易，导致住房无效利用现象严重，且操作十分复杂。按现行政策，对个人购买住房不足5年转手交易的，按其销售收入全额征收5%的营业税，同时按营业税税额缴纳7%的城建税（城市市区）和3%的教育费附加，综合税率为总价的5.5%；个人购买超过5年（含5年）的非普通住房转手交易的，按照其销售收入减去购买房屋的价款后的差额征收营业税。

（3）建议取消自用5年及唯一生活用房限制，所有出售普通商品住房的所得均免征个人所得税。现行政策不仅操作复杂、税负过高，而且优惠条件极为苛刻。家庭如果要享受免征个人所得税优惠，只能搬离原住所全家居无定所或通过假离婚才能实现。按现行政策，对出售自有住房按规定应征收的个人所得税，通过税收征管、房屋登记等历史信息能核实房屋原值的，应依法严格按转让所得的20%计征；对个人转让自用5年以上，并且是家庭唯一生活用房取得的所得，免征个人所得税。

（4）建议设置中介费率强制性最高标准，将住房买卖中介费综合费率标准降至总房款1%以下或单宗交易总费用降至5000元以下，二者取其低。中介费标准存在区域差别，以目前北京市标准为例，个人买卖二手房需要支付约2.5%的中介费。在总房款动辄高达数百万的条件下，2.5%的中介费标准过高。在降低中介费标准的同时，取消进入住房中介行业的各种门槛，增加行业竞争力度。

四、地方政府应该为稳定房价负责

温家宝在浙江就经济运行情况进行调研时曾强调，住房供应和房价问题涉及人民群众切身利益，关系经济健康发展、社会和谐稳定，中央加强房地产市场调控的目标是明确的，决心是坚定的。各级政府要切实担负起责任。

我们注意到，《光明日报》2011 年 4 月 8 日发表记者文章，指出“49 个不如期确定并公布本地区年度新建住房价格控制目标的城市开了一个不严格执行中央决策的先例”，“对这些城市若不按照有关规定实施问责，将影响国家对房地产市场调控决策的执行力，影响中央政府的公信力”。

2011 年 1 月 26 日，国务院办公厅下发的《关于进一步做好房地产市场调控工作有关问题的通知》（俗称“新国八条”）提出了明确的要求和问责规定。但据住房和城乡建设部汇总，截至 2011 年 3 月 31 日，全国 657 个城市中，还有 49 个城市没能按期完成公布调控目标。在已经按期公布调控目标的城市中，也存在房价控制目标不明确或控制目标偏高等众多问题。

是否应对未按时公布房价控制目标的城市启动问责，该如何问责？已经按期公布房价控制目标的城市，其控制目标是否合理？未来如何对城市房价控制目标执行情况进行考核？这些问题已经引起了社会各界的广泛关注和讨论。住房和城乡建设部也发出通知，要求已经公布房价控制目标的城市要以适当的方式听取社会的意见，并根据听取意见的情况酌情调整已发布的调控目标。撇开政令执行力不谈，从经济学角度看，关于当前房价控制目标的争议，实际上可以追溯到以下三个更深层次问题。

首先，当前房价上涨到底有没有危害？有观点认为，中国住房自有率很高，房价上涨将使大多数人资产快速增值，利益受益者大于受损者。地方政府在房价上涨过程中，也可以获取更多的土地出让金，从而更好地为基础设施建设筹资。更有观点认为，房地产泡沫只要能够一直不破，便不能算是泡沫，这些观点都对当前房价上涨的危害存在选择性失明：一是房价上涨本身并不会创造财富，它充其量只是一种财富分配的手段，有人获益，就必然有人利益受损。二是地方政府筹资改善公共基础设施，进而发展经济的最终目的应是普遍提高居民的生活水平，而不是制造一个又一个的“富人区”，这种发展模式本身是不可持续的。三是古今中外的历史经验也都证明，没有只涨不跌的楼市，房价暴涨暴跌将给社会经济稳定以巨大冲击。如美国次贷危机的爆发，以及 20 世纪八九十年代的日本、中国香港和海南房地产泡沫事件。

其次，地方政府有没有能力对房价负责？有观点认为，货币与信贷的快速扩张是造成房价飙升的主要原因。而货币政策由中央政府掌控，所以地方政府没有能力对房价上涨负责，这个观点无论是从现实角度还是理论角度都是值得推敲的。在相同的货币环境下，为什么不同城市绝对房价及房价涨幅可以存在 10 倍以上的巨大差异？为什么商业地产增值缓慢而住宅价格上涨很快？为什么工业用地较为低廉而住宅用地价格高企？为什么股市在炒上 6124.04 点再下跌到 1664.93 点的同时，房价却可以岿然不动，并随后屡创新高？为什么“豆你玩”“蒜你狠”“苹什么”“糖高宗”“盐王爷”之类的炒作往往玩一把就死，而住房炒作却有旺盛持久的生命力？离开了地方政府对土地供应的掌控和对住房市场的调控，这些现象都难以得到合理解释。2008 年全球性金融危机期间我国各地对房地产市场的救市和房地产市场随后的发展趋势已经让人们对此有充分认识。

最后，科学合理的房价控制目标是什么？这可以根据当地的经济发展水平、收入水平、基础设施水平与环境条件等指标，通过科学估算得出。只要数据可靠，估算技术本身并不复杂。从已经公布的房价控制目标看，确实存在一些问题：一是 GDP 或收入增幅本身不宜直接作为房价涨幅控制目标。房价上涨和收入增长之间在特定的条件下可能存在某种数量关系，这种关系在经济学中也被称为房价的收入弹性。直接将作为制定房价调控目标依据之一的收入增幅本身当作房价上涨控制目标，有拍脑袋决策之嫌。二是 600 多个城市，不同城市经济条件千差万别，合理的房价控制目标也应存在较大的区域差异，而目前已经公布的控制目标大都在 10% 左右。三是房价控制目标应直观，便于公众理解和考核，如以“稳中有降”为目标就比较抽象，多大的房价波动范围才叫稳，多大比例的下降才叫“稳中有降”，无法明确。

综上所述，房价是关系到国计民生和经济安全的重大问题，地方政府有能力也应当切实承担起促进房地产市场平稳健康发展的重任。对未按期公布房价控制目标的城市应及时启动问责机制，如责令限期向上级政府和公众说明理由，无法给出合理理由的可按照中共中央办公厅、国务院办公厅印发的《关于实行党政领导干部问责的暂行规定》进行问责，以稳定公众对房价和房地产市场调控的预期。对于已经公布调控目标的城市，其目标的合理性也应作评估论证。住房和城乡建设部可以考虑责令城市政府委托第三方对其调控目标进行论证，并将论证结果和论证人一并公布。考核调控目标年度执行情况时，也可以采取类似评估的办法。此外，作为问责制的一个补充，自然资源部还可以考虑对未按期公布房价控制目标或控制目标执行乏力的城市，以省为单位统一削减除保障房以外的建设用地指标，从源头上遏制地方政府的炒地冲动。

五、透过限购的迷雾看中国房地产周期波动

2011 年，我国一、二线城市房地产交易持续低迷，降价风波从北京、上海、深圳等地开始悄然蔓延。一些知名房企也跟进了本轮价格调整，部分楼盘将价格下调了近 50%。前期高价购房者为此发起了系列“维权”活动，愤怒的购房者甚至打砸了售楼处。关于本轮房地产市场低迷的原因，多数人认为是由以限购为代表的严厉调控政策所导致的，但通过对限购政策效力的理性分析发现，限购对市场供求松紧状况的真实影响很小。这意味着，政策逆转房价走势只是假象，市场衰退才是当前中国楼市不景气的实质。当楼市已经运行于房地产周期的衰退阶段时，政府应稳定调控政策，加强市场风险防范管理，同时适度调整保障房的投资结构与期限。

（一）限购政策逆转房价走势的假象

尽管限购政策的松紧存废已经成为各方激烈博弈的焦点，但我们仍然要问，限购政策真的是造成楼市低迷的主要原因吗？

1. 限购政策不能有效抑制购房需求

一是限购门槛过低，对大多数刚性需求者无效。绝大多数限购城市规定，本市户籍家庭可以购买二套住房，外地户籍家庭只要提供一年以上纳税或社保证明也可购买一套，现有住房已经达到上述套数的家庭不能再购买，且不说本地户籍者众多，即使是外地户籍者，只要有意在一个地方工作居住，纳税或缴纳社保一年以上也是顺理成章的。这表明，绝大多数刚性需求者都可不受限购约束。这些还没有考虑到通过事后补缴获得相应纳税、社保证明甚至虚构相关纳税、社保记录以规避限购的

可能性。至于套数限制，只要通过假离婚或暂缓结婚等变通手段就可能成倍突破，此外还有大量小产权房游离于限购总套数计算之外。

二是投资者可以通过多种途径绕开限购。对于投资者而言，如果住房真如所传说的“越限购越值得购买”，他们完全可以通过注册公司的形式批量购房，先持有出租再择机加价出售获利。在局部限购的条件下，投机者还可以去炒作不限购城市住房、商业地产、旅游地产等，开发商甚至可以把商业地产、旅游地产等开发成商住楼、酒店式公寓等出售以规避限购。

三是限制产权登记并不能制止民间交易。所谓的限购只是限制产权变更在房管部门的登记。即使通过各种途径仍然无法满足购房条件，只要购买意愿强烈，买卖双方仍然可以通过民间合同、以租代售等形式达成事实民间交易，等条件成熟时，再正式过户。那些极可能被当作非法建筑强行拆除的小产权房，都一直存在大量的非登记民间合同交易。与小产权房相比，这些既没有强行拆除之忧，又可在条件成熟时正式过户的商品房，为什么不能先通过民间合约进行事实交易呢？

2. 限购政策可能抑制供给，并在一定程度上起到了支撑房价信心的作用

限购政策可能抑制供给的表现是在限购条件下，拥有多套住房的投资者在售房时，不得不面临无法再重新购买回来的可能性。对于开发商而言，如果“越限购越值得购买”成立，开发商的最佳选择是把房源囤在手中而不是出售。

限购支撑房价信心表现在：很多人认为，限购在抑制当前住房需求的同时，也累积了未来的住房需求。只要有这些被堰塞的住房需求存在，市场信心就不会消失，从而市场也就不会真正下滑。政府对限购政策稍作调整，就可以使市场重返景气。

3. 部分地方政府的故意放松，使限购政策名存实亡

地方政府负责本地限购政策的具体制定、解释和实施尺度。利用地方信息优势，地方政府在实施层面瓦解限购束缚非常容易。如某西南省会城市仅在中心城区一环以内区域实行限购，而该城市新楼盘基本都在一环以外，能被限购令直接卡住的购房者很少。在限购的户籍、纳税、社保证明三大门槛中，地方政府都有放松的余地。除北京、上海等少数城市外，大多数城市的户籍门槛已经很低，入户较为容易。其他的如纳税、社保证明等，均存在一定的变通余地。

综上所述，对绝大多数限购城市而言，限购政策对住房市场供求松紧状况的实际影响较小，它最多只能算是目前楼市低迷的一个诱因。如果住房供应紧张、房价潜在上涨动力强烈，限购政策仅在实施层面就可被完全瓦解。限购政策目前继续存在的真实意义在于，在已经开展限购的条件下，放松限购会对市场释放政府要托市的积极信号，从而增强市场波动性，并且使未来政府调控市场失去公信力。

（二）市场衰退才是当前楼市不景气的实质

既然被认为最有效调控政策的限购政策并没有想象中的有效力，那么所谓调控政策逆转房价走势，就只能是一种假象。透过这个假象可知，市场衰退才是当前中国楼市不景气的实质。长期的房价上涨，已经使人们形成了一种惯性思维，从而无法在短时间内接受房地产市场已经进入衰退阶段的事实。坚持认为限购政策人为扭曲了房价，就是在这种惯性思维下产生的错觉。

古今中外的历史经验表明，房地产市场具有很强的周期波动性。特别是当一个区域处于经济快速增长或快速城市化阶段时，房地产市场很容易出现大起大落。中国已经出现了持续近十年的房地产热，但到目前

为止还没有经历过一次完整的房地产中周期。如果我们能够清晰认识到以限购为代表的政府调控政策对房地产市场影响的有限性，那么不难发现，楼市拐点（对周期波峰的通俗称谓）早已在2010年市场最狂热时悄然而至，中国房地产市场已经在周期的下行阶段实质性地运行了一段时间。

目前我国房地产景气指数已经出现持续下滑，商品房销售增速也已放缓。考虑到三、四线城市周期要滞后一、二线城市1~2年，市场数据经过区域加总后将产生中和效应，一、二线城市的衰退实际上是很显著的。虽然名义上房价还没有出现普遍的下降，但虚标的房价是没有太多实际意义的。如果说只有卖得出去的房价才可能是真实房价，那么一、二线城市的卖房难说明，真实房价已经普遍下降了。或者说，住房已经普遍地贬值了。

具体来说，推动当前房地产市场进入下行周期的可能原因主要有：

（1）中国房地产业获得跳跃式发展，房地产供给能力已经能够较好满足每年的新增需求。借助快速的住房制度改革，以及住房预售、按揭贷款、开发贷款、上市融资等金融支持，房地产业规模迅速扩大，供给能力激增。据统计，房改伊始的1998年，全国共有房地产开发企业24378家，年平均从业人数为825888人，完成房地产开发投资3614.23亿元，实现房地产销售面积12185.33万平方米。至2010年，全国共有房地产开发企业85218家，年平均从业人数2091147人，完成房地产开发投资48259.4亿元，实现商品房销售面积104764.65万平方米，各项指标以几何倍增长。

（2）2008年下半年以来的住房刺激政策，过度透支了未来的住房市场需求。2009—2010年，房价和销量都曾出现爆发性增长。相对于增长缓慢的收入，高企的房价已经使很多意愿购房者可望而不可即。当购房演变成了接资者的接棒游戏时，住房也就逐步丧失了投资价值。

（3）高房价已经充分反映了未来的各种利好和人们对住房市场的种种乐观预期。经济增长全球独秀、城市化及城市人口持续增长、土地稀缺等因素，都已经在前期的房价上涨中得到充分反映，从而难以支持房价的继续上涨。在新的支持房价上涨的重大利好因素未出现之前，市场只好选择下行调整。

（4）房地产泡沫已经向全国扩散，房价失去了挪腾空间。2009 年以前，中国房地产泡沫主要集中于一、二线城市，三、四线城市房价相对理性。2010 年以来，三、四线城市房价暴涨，房价泡沫已经向全局扩散。在泡沫全局化的条件下，支撑当前房价所需要的资金量急剧放大。要继续推高一、二线城市的房价，三、四线城市房价就要下跌，反之则反。

（5）宏观经济环境发生了深刻变化，难以支持房地产市场的持续繁荣。低成本融资和乐观的收入增长前景，是房地产市场繁荣的必要条件。从国内环境看，物价的脉冲性上涨，使货币持续紧缩、经济转型升级压力增大、经济增速放缓、民间实际融资成本上升等成为必然；从国际环境看，欧洲主权债务危机间歇性爆发，动荡的国际金融形势增加了世界经济陷入二次衰退的风险。

（6）抛售房产海外移民的可能性。在房价逐步与世界接轨的条件下，高房价城市居民抛售房产并将财富转移到海外的可行性在不断增大。

（三）政策建议

1. 稳定调控政策，避免预期波动

限购政策短期仍应以稳定为主，避免市场预期出现过度波动。2010 年以来，“不限购”概念被恶炒，不限购的三、四线城市房价短期实现

翻番。如果放松一、二线城市限购政策来救市，暂且不说一、二线城市房价是否反转，这些本来不限购的三、四线城市房价将利好用尽，首先出现停滞或下跌。对于一、二线城市而言，市场在短暂的兴奋之后，一旦发现行情重新下行并无充足真实需求支撑，恐慌将不期而至。

2. 加强预售资金监管和开发商行为管控

包括加强对预售资金专户监管，严格限定支出用途，禁止挪用；严格执行期房封顶才能发放按揭贷款的制度；对开发企业实际控制人的出境和财产转移行为进行管控等。通过严格监管，避免开发企业因资金链断裂、购房款被挪用、控制人卷款外逃等而使期房烂尾，将包袱甩给国家和社会。

3. 加强对购房者的风险教育与警示

要求出售方与购房者在交易时签署房价波动风险告知协议，主要交易场所、售楼处、中介机构张贴醒目的房价波动风险提示，以提高购房者的决策理性和在房价下跌时的心理承受能力。

4. 合理调整保障房投资结构，适度延长保障房投资期限

房价下跌会对保障房需求造成一定冲击。可在保障房建设总任务不变的条件下，合理调整保障房投资结构，包括增加一、二线城市和租赁性保障房投资比重，降低三、四线城市和售卖性保障房投资比重等。同时适度延长保障房投资建设期限，提高建设质量，以确保其建成时有充分的市场需求。

第十一章　中国房地产市场长效机制

一、房产税并非解决中国房地产问题的灵丹妙药

长期以来，我国并不曾对居民持有住房征税。近年来，随着房价的持续飙涨，社会各界要求开征房产税的呼声越来越高。很多人认为，住房持有成本偏低，是造成当前住房市场房价畸高、投机盛行、局部高空置、地方政府热衷炒地皮等系列顽症的重要原因。开征了房产税后，这些困扰住房市场已久的难题都将迎刃而解。在这个背景下，上海、重庆排除困难率先尝试开征了房产税。作为房地产主管部门的住建部，也为房产税的开征做了一些前期基础性工作，如房产登记的电子信息化和联网共享等，以扫除大范围开征房产税的技术障碍。伴随着住房市场的高烧不退，房产税试点城市的进一步扩大化似乎已无悬念。另一方面，民间反对征收房产税的主张也从来没有消失过。作为一项关系国计民生甚至百年国运的重大制度安排，我们需要严肃追问，房产税真的是解决中国住房市场诸多难题的终极武器吗？房产税的开征究竟能给我们带来什么？

（一）没有相同的房产税

房产税属于地方税种，由地方政府因地制宜确定征税方案，其收入主要用于提高地方居住和公共服务水平。不同区域的房产税千差万别，虽然都叫房产税，其实际征税效果可能完全相反。脱离具体征收方案抽象地讨论房产税的开征效果，并没有什么实际意义。两个不同城市的房产税，可以在理论上视为完全不同的税种。

一个城市要尝试开征房产税，首先需要明确，是对所有住房一视同仁地征税，还是仅对居民持有的多套住房或非普通住房征税？相对于前者，后者更强调对住房投资收益的调节和基本住房需求的支持。按照我国目前的房产税设计，一般倾向于对多套住房、非普通住房征税，而对首套房、普通住房暂免征税。如上海版房产税方案的征税对象是本市居民家庭新购且属于该居民家庭第二套及以上的住房和非本市居民家庭新购的住房，且免税住房面积为人均 60 平方米；重庆版房产税方案的征税对象是个人拥有的独栋商品住宅、个人新购的高档住房以及在重庆市同时无户籍、无企业、无工作的个人新购的第二套及以上的普通住房，且新购的独栋商品住宅、高档住房有 100 平方米的免税面积。而国际上的一般规则是所有房产均须纳税，如美国即是。

其次，是对存量住房和新购住房都统一征税，还是仅对新购住房征税？从公平角度看，如果开征房产税，存量和新购住房均应征税。仅对新购住房开征，因为不涉及既得利益，推行阻力会相对小些。但可能存在公平问题，并且覆盖面很窄，短期难以见到实效。目前由于推行阻力较大，我国的房产税方案更倾向于暂不触动既得利益。如上海版的房产税仅对新购住房开征；而重庆版的房产税也仅对独栋商品住宅存量开征，其他类型住房均不涉及存量问题。

再次，税率是采取差别化的累进税政策，还是统一税率？相对于统一税率，累进税率有更强的鼓励自住、抑制投机和过度消费的倾向。但统一税率更为简单易行，征税成本相对较低。目前上海版房产税税率比较固定，税率暂定为0.6%，成交均价在上年度新建商品住房销售均价2倍及以下的，税率暂减为0.4%。重庆版根据房价的高低适用税率从0.5%~1.2%分三档，建筑面积交易单价在上两年主城九区新建商品住房成交均价3倍以下的住房，税率为0.5%，3倍（含3倍）至4倍的税率为1%，4倍（含4倍）以上的税率为1.2%。

最后，由于房屋价值波动很大，是以住房市场交易价、评估价还是历史基准价作为征税标准？不同征税价格标准，实际税差别很大：实际税负过低，难以有抑制投资投机的效果；实际税负过高，房地产市场运行成本过高，也难以良好发展。如中国台湾以“公告地价”作为不动产税的征税标准，由于房价上涨的累积效应，作为历史基准的“公告地价”已经远低于实际地价，实际不动产税率很低。一个业内的笑谈是，如果按实际地价征税，台湾房地产市场早已崩盘。上海版计税依据为参照市场价格确定的评估值，并规定周期进行重估，目前暂以住房的市场交易价格的70%作为计税依据。重庆目前住房的计税价值为房产交易价，并待条件成熟时以房产评估值作为计税依据。

（二）房产税不是解决中国房地产问题的灵丹妙药

按照一般逻辑，开征房产税后，住房投资者持有住房成本显著增加。当房价涨速低于预期时，投资者在缴纳房产税后将面临亏损的局面，特别是投资者持房空置在手不出租时。如果采用累进税制，仅对多套住房征税或对持房多者适用更高的税率，则可以使自住者的持房成本低于单纯投资者，从而可以促使囤房者抛售多余房产，起到住房平均化的作用。一般认为，房产税的这些效应可以有效抑制住房投资投机行为，缓解住房资源向少数人手上集中的局面。

然而，这些都仅是一厢情愿的，并不十分严密的主观推测，逻辑上不严密，也没有得到事实验证。

开征房产税首先需要考虑税负的转嫁问题。表面上看虽然是住房持有者在纳税，但他也可能不是最终的税负承担者，因为他可以将税额转嫁给租客或下一个购房者。按照一般经济理论，如果住房供给数量不变而又必须出售或出租，房产税难以转嫁出去。但这只是一个短期理论假设，长期来看房产税一定会影响住房供给，从而存在税负转嫁的可能性。因为存在房产税的转嫁，房产税有可能反而促使房价和租金上涨。

从古今中外的不动产税的起源看，不动产税都为增加地方政府公共支出而设立，而不是为抑制不动产投机所设立。换句话说，房产税不一定能抑制房价上涨，但却肯定会增加居民的居住成本。而居住成本的增加，会影响人才、资本和产业的流向，从而影响一个区域乃至国家的长期经济兴衰。当然，这种影响是积极的还是消极的，目前还难以预料。另一方面，市场经济需要靠利益来驱动。如果征收房产税的目的就是拿走部分或全部住房投资收益，可能会伤及住房市场活力，使居民的住房水平改进更加缓慢。

开征房产税还存在征税成本问题。长期以来，我国基本不直接对居民持有的财产征税。开征房产税破例直接对居民财产征税，其工作量和阻力可想而知。税务机关征税本身也需要花钱，如果为开征房产税所花费的征税成本接近或高于所能征缴的税收，房产税无疑将失去其实际意义，不可持续。

国内外实践经验表明，房产税不一定能有效抑制房地产市场投机，在一些特殊的条件下，房产税还能助推房价上涨。以美国为例，尽管持有住宅需要缴纳为数不菲的不动产税和物业管理费，在金融危机之前，针对住宅的投机仍十分普遍。由于房价上涨过快，普通居民为买房攒钱的速度远追不上房价上涨的速度，造成房价脱离真实需求。最后房地产泡沫吹破，诱发次贷危机。在美国，还可以观察到一个奇特的现象就是不动产税缴纳水平和房价呈正相关关系。美国居民非常重视“学区”的好坏，不动产税缴纳越多的社区，经费越充足，教育、治安等公共服务越好，居住环境越优越，但房价也比低税社区高出好多倍。

（三）历史为何走向房产税

综上所述，房产税并非解决当前中国住房市场诸多问题的灵丹妙药。利用房产税来抑制投机稳定房价，本质上属于不对症下药，实际效果可能适得其反。尽管如此，房产税试点城市的进一步扩大仍是不可避免的历史趋势。

一是地方政府土地财政的转型离不开房产税的支撑。以土地出让金为支撑的土地财政是房价易涨难跌的重要原因之一，土地财政本身的稳定性也很差，改革转型势在必行。地方政府如果告别了土地财政，收入将下降甚至难以满足基本公共支出的需要。这时，地方政府需要房产税为地方财政提供可持续支撑。当然，仅靠房产税无法像卖地那样使地方政府短期暴富，地方政府职能更需要转型，花钱的职能可能要进一步削减。

二是土地全面流转的破题需要以房产税为配套。城乡分割的土地市场不利于土地利用效率的提高，土地的全面流转是历史大势。在土地全面流转的条件下，为了避免土地大量兼并和向少部分人过分集中，进而防止历史上强大的土地食利阶层的形成，需要依靠房产税来调节土地收益，抑制过度兼并。在欧美发达国家，经常可以见到富豪家族因不堪土地税重负，而将家族持有的别墅、城堡捐献给地方政府。

三是废除城乡二元的户籍制度需要以房产税作配套。城乡二元的户籍制度是计划经济的产物，随着经济社会的发展将逐步淡出。没有了二元户籍制度，原有的税收与公共服务的对应关系被彻底打破，需要建立新的公共管理筹资体系。欧美发达国家一般按居住地原则，在居住地缴纳不动产税，并平等享受免费教育等公共服务。我国如果废除了城乡二元的户籍制度，通过房产税来为地方教育等公共服务筹资是一条可行之路。

总而言之，房产税虽然不是为解决中国住房市场过度投机等问题而设，却必然是为土地、财税、户籍制度的深化改革而设。任何改革都需要付出相应的成本或代价，深化土地、财税、户籍制度改革也不例外。将房产税作为深化土地、财税、户籍制度改革的配套手段是不可或缺的。也就是说，只要有土地全面流转、地方财政能够摆脱卖地依赖、废除城乡二元户籍制度的一天，房产税必然全面铺开。从这个角度看，房产税的进一步铺开势在必行。当然政府为了抑制房地产市场过热，也可能病急乱投医，加速扩征房产税。

结论很明确，房产税不是必然的天使，也不生来就是魔鬼。要使房产税发挥其积极作用，推进房产税应当与深化土地、地方财政及户籍制度改革同步进行。如果在推进房产税的同时不能深化各项改革，房产税不仅不会取得预期的效果，还会使复杂的中国房地产问题更加纠葛难解，政府在房地产问题上可能遭受更多的批评。

（四）开征房产税的过程是一个多方利益博弈的过程

伴随着中国房价的居高不下，各界要求开征房产税的呼声不断，政府也明确提出要“加快推进房产税改革试点工作，并逐步扩大到全国”。而反对者则提出，房产中的土地部分属于国家所有，作为“租住者”没有理由为不属于自己所有的财产纳税。笔者认为，说开征房产税与土地的有限产权相矛盾显然是在偷换概念，但试图利用房产税来解决中国房地产问题，就好比给高血压的病人开退烧药，已经违背了对症下药的基本准则。

第一，对房产征税并不存在法理上的障碍。我国房价中所含的地价，本来就不是土地所有权的价格，而只是一定期限内土地使用权的价格。住房的土地使用权属于房产所有者所有并无歧义，因而要求房产所有者为土地使用权的价格纳税与房主对土地的有限产权之间也并不存在任何矛盾。如果将房产所有者对土地的使用权改为永久所有权，房产所有者极可能将房价再翻一番，这样所应征税的房产总值也可能增加一倍。在房屋买卖的时候将地价视为土地使用权的价格，在反对开征房产税时又将地价视作土地所有权的价格，只是一种蹩脚的偷换概念。

第二，开征房产税无助于抑制高房价。韩国、中国台湾等都有开征房地产保有税的经验，但房价仍照涨不误。中国的房价为什么居高不下？是因为住房持有成本太低吗？显然不是。中国房价居高不下的真正原因是，近年的城市化快速发展使大中小城市之间、城乡之间的发展水平差距不断扩大。中国大城市的国际化、现代化程度已经可以使发达国家自愧不如。而在一个江南小镇，却可能连自来水都没有。“人往高处走，水往低处流。”在区域差距不断扩大的条件下，人口被迫由农村向城市、由中小城市向大城市做单向迁移。可以想象，处于这一大规模迁移运动金字塔顶端的大城市，房价上涨的压力会有多大。要使房价有实质性下降并不复杂，只要实施区域均衡、城乡均衡的发展战略即可。各地区实现了均衡发展或者仅仅有了均衡发展的趋势，大规模的房地产投资投机就失去了它的价值。反之，区域差距的问题不解决，即使开征房产税，人口还是要源源不断涌入大城市，房价没有理由下降。如果以降房价作为首要目标，放着这么直接有效的方法不去实施，而意图通过开征房产税来平抑房价，只能是痴人说梦。

第三，开征房产税也无益于土地财政转型。卖地收入及房地产相关税收成为地方政府的一大财政支柱已经是公开的秘密。使用房产税收入来取代不可持续的土地财政也是房产税支持者要求开征房产税的重要理由。但这个理由同样并不充分。香港卖了这么多年的土地，按理说土地早已经卖光了，但恰恰相反，土地批租收入仍是香港财政收入的重要组成部分。这表明，只要科学筹划运用得当，土地财政是有可能持续的。相对于土地财政，房产税更是一个短视且极不高明的生财之道。对房产征税的做法，早在中国古籍《管子》中就被批判过了。在《管子·轻重甲》中，齐桓公问管仲："我想要征收房屋税。"管仲明确回答说："不行，这等于毁坏房屋。"开征房产税，最终将提高住房总成本，不利于房地产业的迅速发展和居民住房水平的不断提高，并且房产税的征税成本也是不容忽视的，开征房产税涉及浩大的产权登记、清查与评估，需要耗费大量人力物力。如果因开征房产税而造成大量高收入者外迁，就更得不偿失了。

总之，开征房产税的过程是一个多方利益博弈的过程，意图借机浑水摸鱼的也大有人在。而开征房产税后房价是否仍居高不下，房地产业能否因此走向均衡发展，土地财政是否可以因此谢幕，可能就没有人关注了。

（五）认为非土地所有者不应缴纳房产税涉嫌偷换概念

有观点认为，房产中的土地部分所有权属于国家，作为"租住者"没有理由为不属于自己所有的财产纳税。这种逻辑背后，可能存在概念的偷换。

首先，并非只有土地的永久所有权才有资格构成个人财产，土地的有限使用权同样可以成为一项个人财产，同样能够买卖、抵押，并具有相应的价格。所谓的永久所有权，本质上仍不过是在一定时期内相对其他社会成员的排他使用权而已。浮生似梦，彼此都是匆匆过客，并没有谁能够真正“拥有”土地。

其次，我国房产中的土地价值部分，本来就是以土地的有限使用权为基础。作为房产税税基组成部分的地价也是如此，因而房产税并没有对土地的永久所有权征税。如果将房产所有者的土地使用权改为永久所有权，理论上房产的价值将在此基础上大幅提升，从而应税房产的总值也将相应提高。

最后，如果房产所有者认为土地使用权不属于一项个人财产，那么在房产出售时，完全可以将由此衍生的地价刨除，只按建筑物扣除折旧后的残值出售。如果在房屋买卖的时候认为土地使用权也是个人财产应计入房产总价，而在计征房产税时，又认为只有土地的永久所有权才算得上个人财产，土地使用权所形成的地价“非己所有”不应纳税，这显然难以自圆其说。

二、住房市场“短效机制”有可能成为新长效机制

构建住房市场稳健均衡发展的长效机制曾经是楼市热议话题之一。有人说，开征房产税就是稳定住房市场的长效机制。也有人说，土地特别是集体土地的市场化改革才是住房市场平稳发展的长远之策。然而，经历了长时间的期盼与等待，这些所谓的长效机制却似乎始终未能面世。另外，伴随着房价一轮又一轮的快速上涨，我们又不停地把经济学

家所鄙视的限购、限贷等“短效政策”重新启用或加码，以应市场燃眉之急。在新一轮的调控中，限售政策也首次被采用并在各城市迅速推开。

继2016年“9·30”新政之后，2017年3月，以限购、限贷为主要手段的楼市调控小高潮再度掀起。2017年3月17日，北京楼市调控再度加码。北京楼市新政要求“认房认贷又认离”，并进一步封堵了“商住房”限购漏洞。3月29日，杭州和厦门也在一个月内第二次升级了调控政策。至此，3月已有25城启动或升级了楼市调控政策。各地调控政策的集中升级显然也与2月局部地区楼市重新出现异动有关。据中国社科院财经战略研究院大数据房价指数（BHPI）监测发现，2017年2月房价在总体稳定的同时，部分城市调控政策效力有所减退。局部楼市经历短暂沉寂后迅速升温，个别城市出现“二月疯”。BHPI指数显示，2017年2月，在30个样本城市中，有25个城市房价环比上涨，其中19个城市房价环比涨幅在1%以上，另有4个城市房价环比下跌。25个环比上涨城市中，有14个城市环比涨幅较上月继续扩大，11个城市环比涨幅较上月收窄。

除了限购、限贷，限售也开始被应用到本轮楼市调控中。2017年4月19日，济南市政府发布通知，要求限购区域内自通知施行之日起购买的住房，须取得不动产权证满2年后方可上市交易。至此，成都、厦门、福州、青岛、杭州、广州、珠海、惠州、扬州、常州、海南、东莞、西安、济南等超过18个区域市场，历史上首次启动了买房后需要一定年限方可上市的楼市调控政策。

而据2017年“两会”消息，被普遍视为重要长效机制的房产税并未列入2017年立法计划。土地市场改革，也迟迟未见新进展。为什么我们期盼的楼市长效机制难以推出，而限购、限贷、限售这些看似违背经济规律的“短效机制”却大行其道呢？楼市长效机制到底是什么？

考察楼市长效机制，离不开对楼市的科学定位。中国住房改革历史经验表明，中国大城市住房供求矛盾长期突出，住房产品不宜完全商品化。以经济适用房为主体的新加坡住房模式，也许更为符合中国大城市住房长期短缺的国情。2016 年 12 月，中央经济工作会议提出要坚持“房子是用来住的，不是用来炒的”的定位，要求回归住房居住属性。2017 年 12 月 21 日下午，习近平总书记在中央财经领导小组第十四次会议上，进一步指出“要准确把握住房的居住属性”，这是立足中国国情和住房政策实践教训，对中国住房市场的科学再定位。有限制的市场化，将是构建中国楼市长效机制的基本方略。应当说，新加坡式经济适用房模式，是非常贴近于中央对住房市场的最新科学定位的。

然而，历史的选择是，我们已然建立了以商品房为主导的城市住房模式。商品房已经成为中国住房供应的主体，经济适用房退而成为专供低收入者的保障用房。1998 年 6 月，国务院发布《关于进一步深化城镇住房改革加快住房建设的通知》（国发〔1998〕23 号），提出“1998 年下半年开始停止住房实物分配，逐步实行住房分配货币化”，“停止住房实物分配后，新建经济适用住房原则上只售不租”。这标志着沿袭数十年的福利住房政策为住房有限商品化所取代，建立以经济适用房为主的多层次城镇住房供应体系成为住房改革的目标。但随后的政策取向，又导致经济适用房模式被商品房模式所取代。2003 年 8 月建设部《关于促进房地产市场持续健康发展的通知》（国发〔2003〕18 号），将经济适用房由“住房供应主体”修改成了“具有保障性质的政策性商品住房”，从而进一步弱化了经济适用房的供应主体地位，使普通商品房成为市场的供应主体。此后，中国商品住房销售呈爆发性增长的态势，居民购房欲望始终十分强烈，房地产业迅速上升为国民经济支柱产业。借助市场力量，大多数城镇居民家庭的住房条件也得到了长足改善。但在住房市场大发展的同时，也产生了一些突出负面效应，如房价飞涨、住房投机盛行及泡沫堆积等，受到各方的批评。

一方面，在商品房成为中国住房供应主体的今天，重构经济适用房制度已经不具备条件。但另一方面，限购、限贷、限售政策的大行其道，无形中又起到使商品房经济适用房化的功效。历史的选择总是充满了戏剧性，在房价暴涨的倒逼下，新加坡式经济适用房制度正借道调控政策在大城市悄然回归。深入地分析后可以发现，经过严格的限购、限贷、限售后，中国大城市商品房和新加坡式经济适用房的界限已经非常模糊。新加坡式经济适用房区别于普通商品房的主要特征，在于它的有限市场及购买数量限制。有限市场指的是，新加坡式经济适用房是只有符合条件的特定人群才能购买的，尽管这个符合条件的特定人群已经涵盖了大多数在当地生产生活的家庭。购买数量限制则表现为每个家庭只能申购两次，同时只能持有一套。虽然新加坡式经济适用房也存在二级市场，但有限市场及购买数量使得它的价格受到制约，从而保证了普通居民能够买得起。而反观中国大城市限购、限售后的商品房，与新加坡式经济适用房在经济属性上并无本质差异。同样只能出售给特定资格人群，同样只能持有限定套数。至于需要持有一定年限才能上市的限售政策，则是直接借鉴于新加坡的经济适用房政策。新加坡式经济适用房由政府直接供给，而中国的商品住房土地也由政府直接供应，只是建设环节借助了市场力量。

也许，限购、限售和限贷这些所谓的“短效机制”，才是历史选择的中国大城市楼市新长效机制，这也是大城市住房市场始终无法摆脱它们的真正原因。我们需要做的是在法治框架下，对这些政策做进一步的规范化和制度化。要避免行政权力被滥用，强化执行监督，保证它们的公平性和适用性。这样，我们可能就不用再苦苦等待“长效机制”的推出了。

三、去库存与住房供给的结构性改革

住房去库存已经成为当前宏观政策的主要目标之一，中央明确提出要“有序消化房地产库存，注重解决区域性、结构性问题”，各地方政府也相继出台了相应的去库存政策方针。中国住房库存究竟有多高？库存形成的原因是什么？如何有针对性地采取相应的去库存措施？如何避免库存“边去边增”？这些都是值得我们深入研究的议题。

1. 当前住房总体库存水平偏高

关于住房库存统计口径，尚没有一致的意见。根据是否已售、是否开工、是否竣工等，从窄到宽存在多种统计口径。一般来说，住房库存统计口径应根据需要和数据可得性而设，不宜过宽或过窄。口径过窄难以有效反映市场供求，口径过宽与商品住房市场关联性不强，同样难以有效反映市场供求。根据研究需要，此处以待售商品住房现房加在建未售商品住房作为住房库存统计口径。

库存总量估计也有两种近似推算方法：一种方法是以历年累计新开工面积减去历年累计商品房销售面积（含期房及现房），求得期末库存总量；另一种方法是以期末施工面积加上期末待售商品现房面积，再减去施工面积中已售期房面积，最后求得期末库存总量，其中期房销售期可近似取值2年。

根据第一种方法估算所得历年住房库存水平结果见图11－1。其中2015年底住房库存估计值为295758.49万平方米。从图11－1也可看出，全球金融危机后，住房库存有一波显著持续的快速增长，这可能与经济增速放缓需求减弱有关，也可能与大规模金融刺激形成过度开发相关。

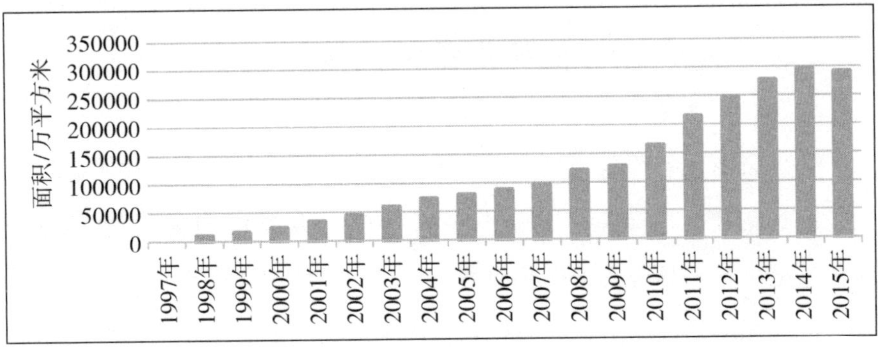

图 11－1　中国历年住房库存总量估算

而根据后一种方法估算，求得 2015 年末库存面积为 291891.45 万平方米。该结果与前一种方法的估算结果基本一致，表明本文库存估算数字基本可靠。为求方便，此后分析仅以第一种方法的估算值为准。

以 2015 年底库存估计达 295758.49 万平方米，除以近 3 年平均商品住房销售面积 111105.49 万平方米，求得平均去库存周期为 2.66 年或 2 年 8 个月。业界一般认为合理去库存周期为 6～18 个月，而目前的去库存周期远高于这个时间区间，表明总体库存水平偏高毋庸置疑。

2. 高库存与住房短缺同时并存

在确认中国住房库存总量很高的同时，还需要考虑到中国住房区域市场存在严重结构失衡，高库存与住房短缺在不同区域市场同时并存。以平均水平为基线，考虑到不同城市之间库存水平存在显著的差异，可以大致推断一线城市去库存周期一般在 1 年以内，二线城市多在 1 年以上 2 年以内，三、四线城市多在 3 年以上。

自 2014 年以来，住房“总量供不应求”时代已经结束，“结构性过剩”时代已经到来。作为过去十年住房市场发展的超级引擎，城镇化与工业化目前都处于减速状态，中国城市特别是三、四线及以下城市对人口的吸引力正在减弱。在需求总量退热的同时，中国城镇住房却累积了巨额的存量。而这些库存又主要集中在三、四线及以下城市。此外，过去十年，各地方政府借助“高铁新城”“金融中心”“沿河新区”等各种题材，遍地开花式地开发建设了数量庞大的新城。这些题材新城，有一些只是为了配合政绩或地产炒作需要，通过虚构的城市发展愿景或盲目的乐观情绪投资建设起来的，并没有真实的产业发展作为支撑。在一些三、四线城市，商品住房库存积压现象已经很严重，随着房地产热的退潮，其中有一部分住宅区可能沦为“鬼城”或空城。

虽然住房总量短缺的时代已经过去，三、四线城市住房短期过剩明显，但由于人口的大量流入及收入水平的提高等原因，一、二线城市住房仍将存在一定程度短缺，扩大供给仍是一、二线城市楼市的发展主线。一线城市及部分二线城市住房被猛炒，除了与购房融资杠杆突然加大有极强关联之外，可售住房库存不充足也是一个非常重要的原因。在供应不充分、潜在需求规模庞大的条件下，一有风吹草动，恐慌性购房行为就很容易被激发。

过剩的主要是区位和配套条件差的住房，优质住房特别是优质学区住房仍将短缺。虽然从量的方面看，中国城镇商品住房已经出现结构性过剩，但从质的方面看，有很大一部分家庭居住条件仍然较差，狭小公寓、老旧公寓或不成套住宅占存量住房的比重很大。随着人们收入的增长和对生活品质要求的进一步提升，对优质住房的需求还将稳步增长，优质住房仍然具有一定的稀缺性。此外，由于我国基础教育水平极不均衡，因而优质学区住房也成了一种稀缺资源。本轮一线城市房价的暴涨，就与对优质学区住房的抢购有很大关系。

去管控过快加剧了住房市场结构失衡。由于持续房地产热的历史原因，政府近十年来对房地产市场施加了诸多的限制性、行政性管控政策。这虽然有利于抑制房地产热，但也在一定程度上扭曲了市场，降低了资源配置效率。随着住房总量过剩和去库存时代的到来，以前的诸多限购、限贷、增税政策都将逐步淡出，住房政策将恢复到新的常态。但是，由于我国住房市场结构性矛盾仍然突出，对于住房市场的去管控应因地制宜、逐步推进。而如果对住房市场管控政策特别是信贷政策松绑过快，则会大大增加了市场的波动性。近年最引人瞩目的是一线城市及准一线城市楼市，由于住房供给不足、潜在需求较大，管控政策的突然大幅后撤和金融杠杆的突然增大，诱发了新一轮房地产投资投机的集中爆发，迅猛推高了区域房价。对于三、四线城市而言，过快地去管控政策也可能刺激住房短期投机，加剧市场过剩，造成库存“边去边增”。在市场相对过剩时代，住房市场仍蕴含着巨大的潜在需求，不仅需要减少市场管制，更需要通过深化住房供给机制改革加以释放。让城镇居民能够以较低成本获得高品质、个性化的住房，才是启动住房改善性需求、促进住房市场平稳发展的关键。

3. 住房库存形成的原因复杂多样

在一个有效率的市场，价格能够自动调节供求，不合理的高库存水平不会持续存在。但现实中，由于种种原因，住房市场存在供求脱节的可能性。不同的住房库存，具有不同的形成原因，其去库存之途径也各不相同。

一是房价过高导致有效需求不足。中国的住房高库存在东部经济发达的人口净流入城市很常见，这与房价过高致使潜在住房需求者无力购房有直接关系。据估算，2030 年前后，中国城市人口占总人口的比重将由当前的 1/2 左右上升至 2/3 左右，这意味着在今后很长一段时间内每年仍将近有1200万农村人口涌入城市，中国住房潜在需求巨大。但另一方面，中国的住房土地市场由各地方政府高度控盘，且商品房价格主要由市场调节，这种市场结构决定了房价畸高、脱离普通家庭购买力的必然性。“农民工去库存”看上去虽然前景很美好，但实际上他们多以返乡购房或建房为主。农民工在流入地主要蜗居于城中村或棚户区，并不具备在当地购房的经济实力。消化此类库存，需要深化住房供给体系改革，多方扩大土地供给，切实缩小房价与居民特别是新市民收入水平的鸿沟。

二是非理性开发形成的无效供给。在经济快速增长和房地产高热期，众多地方政府及房地产开发企业都对未来房地产市场前景过度乐观。各地方政府规划建设了总规模极为庞大的新城区和开发区，这些新城区或开发区的规划设计人口容量累计数已经远超过全国总人口。一旦经济增长进入中低速的新常态，城市对外来人口的吸引力下降，住房的区域性、阶段性过剩就将成为必然。还有些城市产业结构单一，偏重于钢铁、能源矿产等周期性行业，在产业景气高峰期开发了大量房产，近年产业不景气的条件下出现经济衰退和人口外流加速，其住房过剩将更加严重。此外，2008年以来，为应对后金融危机时代的经济衰退风险，世界各国普遍采取了极为宽松的货币政策，中国也不例外。宽松的信贷环境与金融刺激也加剧了住房的非理性开发。消化此类库存，需要一方面紧缩开发融资和土地供给，抑制过剩区域住房进一步非理性开发；另一方面要支持难以消化的存量住房转换用途、再开发或干脆退房还耕。

三是住房产品类型与需求结构不匹配。现有的开发政策对住房类型、容积率等均存在刚性管制，这有可能使住房产品的供给结构与需求结构出现错位。比如中小城市、偏远郊区住房需求以大户型甚至别墅为主，但由于规划及开发管制等原因，供给却主要以中小户型为主，又比如，一些开发商在不恰当的地域盲目开发豪宅与别墅，脱离当地实际需求，导致高端商品住房滞销，特别是在高端住宅与普通住宅调控政策一刀切的条件下，这些高端住宅很难脱离滞销的命运。此外，还有设计滞后、建筑理念滞后等原因，也能导致部分存量住房销售不畅。消化此类库存，需要改变不合理的规划管制，支持企业优化产品类型或再开发，放开高端住宅市场。

四是局部配套设施不足。突出表现为新城区缺乏学校、医院、公共交通及基本商业配套，无法正常居住。有些地方尽管住房总量并没有过剩，但由于地方财力有限，难以为新区提供应有的配套设施，导致居民入住新区动力不足。消化此类库存需要支持地方政府进一步加大公共投入，完善配套基础设施。

4. 去库存应与深化住房供给结构性改革相结合

针对住房库存形成的不同原因，采取与之相适应的对策措施，因城施策、因房施策，实现住房去库存与深化住房供给结构性改革相结合。

一是加快农村集体建设用地入市探索，完善商品住房供应体系。在城市政府垄断土地一级供应的条件下，地方政府往往采取操纵地价的办法来维持房价坚挺。这虽然有利于为地方公共财政筹资，但也加重了居民购房负担，降低了消费水平和生活品质。应加快农村集体建设用地入市探索，打破城市土地供应垄断，进一步平抑城市房价，提高居民购房能力和居住水平。

二是加大热点城市普通商品住房供应与管控，同时放开高端住宅市场。包括加大热点城市普通商品住房土地供应，可以考虑通过跨期、跨区调剂弱化住宅用地指标的短期刚性约束；提高中低价位普通商品住房入市审批的速度，简化审批程序；在补交土地出让金和科学规划的前提下，支持商改住、工改住等土地用途改变；严格抑制针对普通商品住房的投资投机，限制居民购买多套普通商品住房的金融杠杆；放开对高端住宅投资投机的管控。

三是通过多方让利，进一步降低自住购房的还贷压力。包括尽快出台按揭贷款利息抵扣个人所得税政策，在降低居民家庭还贷压力的同时，解决不同资产状况家庭的税负不公问题；对居民家庭购买首套普通商品住房提供购房补贴和利息补贴；提高公积金覆盖面，改革公积金归集信贷制度，降低公积金贷款利率，让更多的家庭能够获得低息购房贷款。

四是减免普通商品住房交易税费。包括扩大契税优惠，所有普通商品住房契税均按1%的优惠税率收取，对于卖一买一的换房需求免征契税；取消2年限制，所有普通商品住房交易免征增值税；取消自用5年及唯一生活用房限制，所有出售普通商品住房的所得均免征个人所得税。

五是支持住房特性转换，优化住房供给结构。包括在不影响其他居民居住环境的前提下，支持住宅转商用或用作创业场所；根据供求结构支持普宅、别墅、大小户型等不同类型住宅的转换；对于无效住房供给，应出台相应的退房还耕支持政策，释放不合理的土地占用。

六是进一步完善公共基础设施。创新基础设施投资的融资机制，支持人口流入地政府提升教育、医疗、公共交通等公共配套服务水平，吸引农村人口进城就业和置业。

四、从去库存、防泡沫到住房供给侧结构性改革

2016年12月9日，中共中央政治局会议要求“加快研究建立符合国情、适应市场规律的房地产平稳健康发展长效机制”。这标志着中国

住房政策重点由“去库存”进入“去库存、防泡沫与住房供给侧结构性改革相结合”的新阶段。

1. **住房市场分化加剧，局部房价泡沫突出**

2016年，在宏观利好政策不断加码特别是住房信贷政策极为宽松的大背景下，住房交易显著回升。一线城市及部分热点二线城市率先完成去库存过程，房价出现快速上涨。三、四线城市由于前期库存过高、需求增长相对疲软，房价稳中有升。随着销量的增长和库存的下降，房地产开发投资震荡回升。在一线城市和部分热点城市，投资投机者也开始大量进场，住房投机泡沫卷土重来。为保障经济安全、抑制资产泡沫，中央政府果断出手，对热点城市房地产调控政策进行行政指导。2016年10月上旬，在中央政府的督导下，22个房地产泡沫明显的热点城市集中出台了以限购、限贷及市场秩序整顿为主要手段的房地产调控政策。2016年11—12月，部分热点城市根据市场形势对调控政策做了进一步加码。

（1）热点城市房价涨幅迅速扩大，多数城市房价稳中有升。一线及热点二线城市房价涨幅迅速扩大，并带动周边区域房价暴涨，但绝大多数城市房价仍维持稳中有升的态势。2016年，在住房去库存的政策背景下，降交易税费、降首付、降息等利好政策不断出台，刺激了住房短期需求的增长。多数中小城市房价总体延续了自2015年以来的回升态势。但热点城市（主要为一线城市、部分二线城市及一线城市周边卫星城市）房价借利好政策迅速飙升，形成局部的房价泡沫。

2016年3月及2016年8—9月，热点城市房价出现两波快速上涨。从同比看，2015年12月，在70个大中城市中，新建商品住宅价格指数同比下降的城市49个，同比上涨的城市21个。到2016年12月，新建商品住宅价格指数同比下降的城市为5个，同比上涨的城市为65个，房价突破上年同期高点的城市个数与上年末相比增加了 44 个。从环比看，2015 年 12 月，在 70 个大中城市中，新建商品住宅价格指数环比上涨的有 39 个，持平的有 4 个，环比下降的为 27 个。到 2016 年 12 月，环比上涨的城市增至 46 个，持平的有 4 个，环比下降的城市降为 20 个。

城市住房市场分化加剧，一、二线城市房价涨速显著加快，三、四线城市房价稳步上升。在楼市利好政策不断出台的背景下，不同类型城市由于库存水平和潜在需求差异较大，市场反应不一。2015 年 12 月，一线城市房价大涨，二线城市房价涨速略有回升，三线城市房价止跌企稳。在 70 个大中城市中，一线城市新建商品住宅价格指数环比上涨 1.6%，同比上涨 21.3%；二线城市新建商品住宅价格指数环比上涨 0.5%，同比上涨 1.6%；三线城市新建商品住宅价格指数环比持平，同比下降 2.2%。到 2016 年 12 月，一、二线城市房价涨速显著加快，三、四线城市房价稳步上升。在 70 个大中城市中，一线城市新建商品住宅价格指数环比持平，同比上涨 27%；二线城市新建商品住宅价格指数环比上涨 0.1%，同比上涨 18%；三线城市新建商品住宅价格指数环比上涨 0.4%，同比上涨 6%。

地价推动房价大涨，房价地价螺旋上升。从数据看，地价的涨幅要远大于房价的涨幅，本轮房价大涨在很大程度上是由地价上涨所推动。2015 年 12 月，100 个大中城市成交土地楼面均价（住宅）为每平方米 3234 元。到 2016 年 9 月，100 个大中城市成交土地楼面均价（住宅）涨至每平方米 6718.9 元，比上年末上涨了 3484.9 元或 107.8%。到 2016 年 12 月，在调控作用下土地市场有所降温，100 个大中城市成交土地楼面均价（住宅）降为每平方米 4436.8 元，仍比上年末上涨了 1202.8 元或 37.2%。

（2）去化速度显著加快，名义库存水平下降。2016 年中国商品住房销售量增速显著回升。2015 年 12 月，中国商品住房累计销售面积为 112405.68 万平方米，同比增长 6.9%；商品住房累计销售额为 72753.00 亿元，同比增长 16.6%。到 2016 年 12 月，中国商品住房累计销售面积为 137540 万平方米，同比增长 22.4%；商品住房累计销售额为 99064 亿元，同比增长 36.1%。销售量及销售额增速均较上年末有跳跃式提升。

随着销量回升，名义库存水平大幅下降。2015 年 12 月底，中国新建商品住房待售面积 45248 万平方米，同比增长 11.2%。到 2016 年 12 月底，中国新建商品住房待售面积降至 40257 万平方米，同比下降 11%，增速比上年末下降了 22.2 个百分点。需要注意的是，商品房销售速度的加快在很大程度上影响的可能仅是名义库存，因为在一个投机水平较高的市场，商品房的售出可能仅意味着商品房状态由待售转化为存量空置。

（3）开发投资增速短线触底，进入震荡回升通道。开发投资的震荡回升，表明开发企业对楼市复苏的信心并不稳固。由于住房开发企业需要根据库存消耗状况来决定投资规模，所以开发投资增速的回升一般要滞后于销售量回升半年到一年。随着 2015 年以来商品住房销售量的持续回升及库存增速的不断下降，商品住房开发投资增速短线触底，进入缓慢回升通道。但由于库存总量仍很高，开发投资增速难以出现快速增长。2015 年 12 月，中国商品住宅开发投资累计额为 64595.24 亿元，同比增长 0.4%。到 2016 年 12 月，中国商品住宅开发投资额累计为 68704 亿元，同比增长 6.4%，增速比上年末上升 6 个百分点。

住房开发投资增速回升，对固定资产投资增速的拖累度降低。2015 年 12 月，中国固定资产投资累计额同比增长 10%，商品住宅开发投资累计额同比增长0.4%，二者增速相差9.6个百分点。到2016年12月，中国固定资产投资累计额同比增长8.1%，中国商品住宅开发投资额累计同比增长6.4%，二者增速相差缩减为1.7个百分点。

住房开发投资增速区域分布呈现整体复苏、中南部表现突出的态势。2015年12月，住房开发投资增速在10%以上的省市区有西藏（34.5%）、江西（14.5%）、广东（13.6%）、天津（11.5%）、海南（11.5%）。2016年12月，住房开发投资增速在15%以上的省市区有河南（29.2%）、天津（27.7%）、广西（22.6%）、广东（18.5%）。2015年12月，中国商品住宅累计新开工面积为106651.30万平方米，同比下降14.6%。2016年12月，中国商品住宅累计新开工面积为115911.00万平方米，同比上升8.7%。增速比上年末提高23.3个百分点。2015年12月，中国房地产开发累计土地购置面积为22810.79万平方米，同比下降31.7%。2016年12月，中国房地产开发累计土地购置面积为22025.00万平方米，同比下降3.4%。

（4）政策利好不断加码，投资投机需求进场。从政策面看，购房融资环境极为宽松，对购房的信贷支持不断加码，形成极有利于住房泡沫扩散的金融条件。自2014年9月以来，一线城市二套房信贷管制不断放松，二套房的认定条件从“认房又认贷”改为“认贷不认房”，这意味着如果首套房贷还清二套房仍可以享受首套房的按揭优惠政策。二套房按揭首付成数大幅调低，由以往的70%降为最低30%。持有住房的成本不断下降，央行自2014年以来已连续6次降低贷款利率，一般按揭贷款基准利率商业贷款仅为4.9%，公积金贷款仅为3.25%。首次购房自有资金门槛不断降低，2016年2月2日，中国人民银行与中国银行业监督管理委员会发布《关于调整个人住房贷款政策有关问题的通知》，提出“在不实施‘限购’措施的城市，居民家庭首次购买普通住房的商业性个人住房贷款，原则上最低首付款比例为 25%，各地可向下浮动 5 个百分点”，这意味着首次置业贷款最低首付比例为 20%，进一步降低了购房门槛。

与宽松购房信贷政策相对应的是住房按揭贷款迅猛增长。中国人民银行于 2016 年 8 月 12 日发布的数据显示，2016 年 7 月全国人民币贷款增加 4636 亿元，其中住户部门中长期贷款增加 4773 亿元。而这个所谓的“住户部门中长期贷款”，其实主要就是居民家庭的住房按揭贷款。这个数据意味着，7 月全国人民币新增贷款几乎全部都被投入楼市。自 2008 年 1 月公布该数据以来，住户部门新增中长期贷款占当月人民币新增贷款之比的平均值仅为 24.6%。除 2016 年 7 月外，该比值最高的为 2016 年 4 月的 77%。而在 2015 年末，该比值也仅为 48.9%。

近年来兴起的各种互联网金融创新工具也显著降低了购房门槛：如 P2P 平台对购房者提供的具有场外配资性质的首付贷，使事实上的零首付购房得以实现；各种众筹炒房行为，使炒房的最低门槛甚至降至千元以下。

（5）中央政府果断出手，热点城市相继发布调控新政。为抑制资产泡沫进一步扩大，中央政府果断出手，对热点城市房地产调控政策进行指导。2016 年 10 月上旬，22 个房地产泡沫明显的热点城市集中出台了以限购、限贷及市场秩序整顿为主要手段的房地产调控政策。中央层面对热点城市的房地产泡沫仍保持了充分的理性与克制，并没有针对房地产市场出台一刀切式的调控政策。本轮房地产市场调控，形式上仍由地方政府主导。

从 2016 年 9 月 30 日夜间起，直到 10 月 8 日上海、南昌的政策落地，出台新政的城市共 22 个，分别是杭州、昆山、北京、上海、南京、厦门、深圳、苏州、合肥、无锡、天津、成都、郑州、济南、武汉、广州、佛山、珠海、东莞、惠州、福州、南昌等，这些城市大都在2016年前三季度出现房价飙升，进入泡沫风险“黑名单”。从调控内容来看，北京、上海、深圳、苏州、南京、厦门等城市属于“加码”调控。深圳调控政策规定，非深圳户籍购房要求由3年社保升级为5年；已有1套住房的，首付比例提高至70%。同时，深圳市户籍成年单身人士包括利益人士在内，在本市限购1套住房，南京和苏州也对单身人士（含离异）进行了限购。随着限购令的重新出台或加码，多地住房成交量骤降，房价惯性上涨或微跌。

2. 高库存与住房短缺同时并存，政策运用不当加剧住房市场结构失衡

造成当前住房市场局部房价泡沫突出局面的主要原因是，区域住房市场发展出现严重结构失衡，高库存与高房价同时并存，住房政策工具难以与之相匹配。一、二线城市住房供求矛盾突出、房价畸高，需要扩大住房供给抑制需求，但仍在运用住房去库存政策；三、四线及以下城市住房市场阶段性过剩严重、库存高企，供给仍在不断扩大。地方政府政策工具运用不当，一方面刺激了一、二线城市房价泡沫继续扩大，另一方面还可能加剧三、四线城市未来的过剩。

（1）住房总体库存水平较高，去库存加快但短期仍难达标。关于住房库存统计口径，尚没有一致的意见。根据是否已售、是否开工、是否竣工等，从窄到宽存在多种统计口径。一般来说，住房库存统计口径应根据需要和数据可得性而设，不宜过宽或过窄。口径过窄难以有效反映市场供求，口径过宽与商品住房市场关联性不强，同样难以有效反映市场供求。根据研究需要此处以待售商品住房现房加在建未售商品住房作为住房库存统计口径。

库存总量估计也有多种近似推算方法：一种方法是以历年累计新开

工面积减去历年累计商品房销售面积（含期房及现房），求得期末库存总量；另一种方法是以期末施工面积加上期末待售商品现房面积，再减去施工面积中已售期房面积，最后求得期末库存总量，其中期房销售期可近似取值2年。

根据第一种方法估算2015年底住房库存达29.57亿平方米。而根据后一种方法估算，求得2015年末库存面积为29.19亿平方米。该结果与前一种方法的估算结果基本一致，表明库存估算数字基本可靠。从估算结果也可看出，全球金融危机后，住房库存有一波显著持续的快速增长，这可能与经济增速放缓需求减弱有关，也可能与大规模金融刺激形成过度开发相关。

以2015年底库存估计达29.57亿平方米，除以近3年平均商品住房销售面积11.11亿平方米，求得平均去库存周期为2.66年或2年8个月。业界一般认为合理去库存周期为6～18个月，而目前的去库存周期远高于这个时间区间，表明总体库存水平偏高毋庸置疑。

2016年，虽然住房去库存进程显著加快，但根据上述方法估算的住房库存总量仍达到28.16亿平方米（平均去库存周期仍达2.53年），可见短期内住房总体库存很难下降到合理水平。

（2）区域市场发展极不均衡，高库存与住房短缺在空间上并存。在确认中国住房库存总量很高的同时，还需要考虑到中国住房区域市场存在严重结构失衡，高库存与住房短缺两种看似相互矛盾的现象在不同的区域市场得以同时并存。以平均水平为基线，考虑到不同城市之间库存水平存在显著的差异，可以大致推断一线城市去库存周期一般在1年以内，二线城市多在1年以上2年以内，三、四线城市多在3年以上。

根据库存数据推算，2014年以来，住房“总量供不应求”时代已经结束，“结构性过剩”时代已经到来。作为过去十年住房市场发展的超级引擎，城镇化与工业化目前都处于减速状态，中国城市特别是三、四线及以下城市对人口的吸引力正在减弱。在需求总量退热的同时，中国城镇住房却累积了巨额的存量，而这些库存又主要集中在三、四线及以下城市。此外，过去十年，各地方政府借助“高铁新城”“金融中心”“沿河新区”等各种题材，遍地开花式地开发建设了数量庞大的新城。这些题材新城，有一些只是为了配合政绩或地产炒作需要，通过虚构的城市发展愿景或盲目的乐观情绪投资建设起来的，并没有真实的产业发展作为支撑。在一些三、四线城市，商品住房库存积压现象已经很严重，随着房地产热的退潮，其中有一部分住宅区可能沦为“鬼城”或空城。

虽然住房总量短缺的时代已经过去，三、四线城市住房短期过剩明显。但由于人口的大量流入及收入水平的提高等原因，一、二线城市住房仍将存在一定程度的短缺，扩大供给仍是一、二线城市楼市的发展主线。一线城市及部分二线城市住房被猛炒，除了与购房融资杠杆突然加大有极强关联之外，可售住房库存不充足也是一个非常重要的原因。在供应不充分、潜在需求规模庞大的条件下，一有风吹草动，恐慌性购房行为就很容易被激发。

过剩的主要是区位和配套条件差的住房，优质住房特别是优质学区住房仍将短缺。虽然从量的方面看，中国城镇商品住房已经出现结构性过剩，但从质的方面看，很大一部分家庭居住条件仍然较差，狭小公寓、老旧公寓或不成套住宅占存量住房的比重很大。随着人们收入的增长和对生活品质要求的进一步提升，对优质住房的需求还将稳步增长，优质住房仍然具有一定的稀缺性。此外，由于我国基础教育水平极不均衡，因而优质学区住房也成了一种稀缺资源。本轮一线城市房价的暴涨，就与对优质学区住房的抢购有很大关系。

（3）去管控过快将加剧住房市场结构失衡。由于持续房地产热的历史原因，政府近十年来对房地产市场施加了诸多的限制性、行政性管控政策。这虽然有利于抑制房地产热，但也在一定程度上扭曲了市场，降低了资源配置效率。随着住房总量过剩和去库存时代的到来，以前的诸多限购、限贷、增税政策都将逐步淡出，多数城市住房政策将恢复到以市场为主导。但是，由于我国住房市场结构性矛盾仍然突出，对于住房市场的去管控应因城施策、逐步推进。而近年来出于去库存需要，对住房市场管控政策特别是信贷政策松绑过快，大大增加了市场的波动性。近年最引人瞩目的是一线城市及准一线城市楼市，由于住房供给不足、潜在需求较大，管控政策的突然大幅后撤和金融杠杆的突然增大，诱发了新一轮房地产投资投机的集中爆发，短期内迅猛推高了区域房价。对于三、四线城市而言，过快的去管控政策也可能刺激住房短期投机，加剧市场过剩，造成库存“边去边增”。在市场相对过剩时代，住房市场仍蕴含着巨大的潜在需求，不仅需要减少市场管制，更需要通过深化住房供给机制改革加以释放。让城镇居民能够以较低成本获得高品质、个性化的住房，才是启动住房改善性需求、促进住房市场平稳发展的关键。

3. 去库存、防泡沫与住房供给侧结构性改革的有机结合

在房地产过热时期，对住房需求果断采取行政管控措施是十分必要的。但历史经验表明，在供求结构性矛盾突出的条件下，单纯依赖需求管控政策难以有效抑制房价泡沫扩张。一段时间后（一般为 1 ~ 3 年），大中城市住房需求又将出现大幅反弹，驱使房价重拾涨势。从短期看，部分城市或部分区域市场需要着重去库存，热点城市或热点区域市场需要重点防泡沫。从中长期看，还需要加快住房供给的结构性改革，化解困扰中国住房市场平稳健康发展的深层次矛盾。在政策搭配上应做到长中短期兼顾，实现住房去库存、防泡沫与深化住房供给侧结构性改革的

有机结合。

一是应坚持因城施策，不出台一刀切式的紧缩政策。对于多数中小城市来说，住房总体供大于求决定了去库存的政策主基调并没有发生变化。鼓励多数中小城市居民合理的自住需求和住房改善，支持农民进入中小城市置业创业，仍符合中国城镇化发展的大方向。

二是要强化热点城市普通商品住房需求管控。对于热点城市（主要为一、二线城市及其紧邻的卫星城市）而言，在今后的一段时间内住宅整体供求仍将存在一定短缺。需要严格抑制针对热点城市普通商品住房的投资投机，限制热点城市居民购买多套普通商品住宅。紧密监控跨区域房地产投机，控制住房投资投机的金融杠杆。

三是应加快农村集体建设用地入市步伐，进一步完善商品住房供应体系。在城市政府垄断土地一级供应的条件下，地方政府往往采取操纵地价的办法来维持房价坚挺。这虽然有利于在一定时期内迅速为地方公共项目筹资，但也加重了居民购房负担，降低了居民消费水平和生活品质，增加了宏观经济风险。应在不改变土地公有的前提下，尽快出台促进农村集体建设用地入市措施，在一定条件下允许宅基地及其他农村集体建设用地建设商品住宅，打通城乡资本和人口双向流动通道，打破城市政府土地供应垄断。鼓励区域创新和自主造城，缩小城乡差距，进一步平抑城市房价，提高居民购房能力和居住水平。

四是要尽快全面开征房产税。排除各项困难尽快全面开征房产税，可以提高多套住房持有成本，抑制住房投机，调节居民住房分配，提升住房使用效率。通过将房产税主要专项用于本区域公共服务支出，可以使本区域公共投入与公共支出形成良性互动机制。对于居民合理自住，应结合本区域情况给予价值免征、套数免征、面积免征或综合免征。